古代歷史文化研究輯刊

二二編

王明蓀 主編

第 11 冊

明代北邊衛所城市平面形態與
主要建築規模研究（下）

段智君、趙娜冬 著

國家圖書館出版品預行編目資料

明代北邊衛所城市平面形態與主要建築規模研究（下）／段
智君、趙娜冬 著 — 初版 — 新北市：花木蘭文化事業有限公司，
2019〔民 108〕
目 4+164 面；19×26 公分
（古代歷史文化研究輯刊 二二編；第 11 冊）
ISBN 978-986-485-905-4（精裝）
1. 都市建築 2. 建築史 3. 明代
618   108011805

ISBN-978-986-485-905-4

古代歷史文化研究輯刊
二二編　第十一冊　　　　　　ISBN：978-986-485-905-4

明代北邊衛所城市平面形態與主要建築規模研究（下）

作　　者	段智君、趙娜冬
主　　編	王明蓀
總 編 輯	杜潔祥
副總編輯	楊嘉樂
編　　輯	許郁翎、王筑、張雅淋　美術編輯　陳逸婷
出　　版	花木蘭文化事業有限公司
發 行 人	高小娟
聯絡地址	235 新北市中和區中安街七二號十三樓
	電話：02-2923-1455／傳真：02-2923-1452
網　　址	http://www.huamulan.tw 信箱 hml810518@gmail.com
印　　刷	普羅文化出版廣告事業
初　　版	2019 年 9 月
全書字數	183972 字
定　　價	二二編 25 冊（精裝）台幣 63,000 元

版權所有・請勿翻印

明代北邊衛所城市平面形態與
主要建築規模研究（下）

段智君、趙娜冬　著

目

次

下　冊

第 6 章　主官公署

　　各級官員公署是明代北邊衛所城市中的重要建築類型。儘管地方職官體系複雜，名目眾多，「設官分職，體統相維，品式具備」〔註 1〕，但是，我們可以大致將其分為文職官員和武職官員兩個體系，即分理行政和軍政的機構。

　　其中，文職官員體系的常設公署有：布政（分）司、按察（分）司、各道、府（州、縣）、醫學、儒學、陰陽學、僧綱司、倉庫等。不同特點的城市還可能設有巡檢司、驛稅課司、轉運鹽使司、鹽課提舉司、市舶提舉司、茶馬司等，另外也可能有遞運、鐵冶、織染等官辦生產機構。還有一些北邊衛所城市具備牧場條件，設有行太僕寺、苑馬寺等官馬飼養機構。城市中有王府者，還有王府長史司等機構。

　　而武職官員體系的常設公署有：都司（行都司）、衛、（千戶）所等。根據城市備禦的要害程度以及駐軍數量和戰略意義，還可能有總兵官、副總兵、參將、游擊將軍、守備、把總、鎮守、分守、守備、協守等各種無明確品級、定員的武職官員開立機構。此外，在明代的大部分時間裏，凡是重要的駐軍城市還都設有內監監軍機構。

　　在上述的常設公署中，實土衛所城市的衛、所是最基本的兼管地方軍政和行政的機構；非實土衛所城市的衛、所作為最基本的地方軍政主管機構，加上其對應的同城設置的府、州、縣共同作為地方行政機構。這些機構的主官公署是本章的主要研究對象。

〔註 1〕《明史》志第四十八，職官一。

6.1 基本規制情況

6.1.1 基本制式

在我們已掌握的歷史文獻材料中，雖然未見明代府、州、縣及衛、所等各級主官公署有明確的統一制式見諸於史料，但是明太祖朱元璋早年似曾試圖進行過某種制度規範，在洪武二年（1369）正月，「甲戌詔天下府州縣，凡公署廨宇頹弊者修葺之，隘陋不可居者更新之，若體制不及而可居者，皆仍其舊，毋重改作勞民。」〔註2〕只是由於國力有限，當時未能將相當龐大數量的有關公署（尤其是故元遺留者）全部進行改建，而是聽憑各地因地制宜。儘管如此，其後新舊汰換逐漸累積，很可能是在後來的官署運行過程中逐漸形成了某種制式，從而具備一定共同的特點。

第一，各級官員公署大多都是採取了任職官員帶眷、署邸合一的模式。而且，可能是考慮到及時應對突遇緊急事態，還將各級官署署邸合一的要求設定為一條律令，「凡有司官吏，不住公廨內官房，而住街市民房者，杖八十。」〔註3〕當然，這其中還可能有促使同級官員相互監督、勸勉，以防止腐敗、怠政的意圖。

> 自來京朝官必僦（筆者注：租）居私寓。惟南京三法司，國初官創，太祖謂大官人須居大房子，名曰樣房，極宏壯。蓋欲依樣遍造各衙門也。近日南京如吏、戶、禮、兵、工，堂上及列署，自以物力實（筆者注：置）官房，亦可居。國子兩廡，極水竹園亭之美，亦公私輳合而成。李九我自南少宰轉北少宗伯，仿南例，買房供堂屬居住，外徵民租，如治家然。誠非體，然因此議其貪，則失之遠矣。〔註4〕

儘管在南京地區及南方，可能因明初制度尚不完備，官員有署邸合一的，也有公署私邸的情況，但是在北京地區及北方，則以署邸合一者為主。而且，見諸史料的大量明代公署蓋造實例，往往從初期規劃就是署邸合一的，例如「乃命汝忠相地得黿山之麓、鳩工伐材、翔立廨宇、凡為屋若干楹、前堂後寢、翼以廊廡繚以周垣、樹、蠹建牙、規制悉備。」〔註5〕

〔註2〕《明太祖實錄》卷之三十八，洪武二年春正月丙申朔。
〔註3〕《大明律》卷第二十九，工律一，營造，有司官吏不住公廨。
〔註4〕〔明〕朱國禎《湧幢小品》卷四・衙宇房屋。
〔註5〕《皇明經世文編》卷之三百八十一・申文定公集二・湖防公署記。

　　我們所見北邊衛所城市的主官公署基本上都是符合署邸合一、前堂後寢制式的。

　　第二，主要公署建築均圍合成南北向的院落序列。在由照壁、轅門柵欄及牌坊等圍合的門前空間之後，一般公署建築中軸線的前部爲行政空間，即「前堂」，由南至北依次布置大門、儀門、大堂、二堂（及可能的三堂等）；中軸線後部則多爲主官的宅院，即「後寢」，一般是單獨的院落，並通過南端的宅門與前部分開；同時在兩側大致平行的位置布置其他副職官員的公廨宅院及其他功能建築。

　　例如廣昌縣署，「自大門至於內宅止五層爾，合於堪輿五星之說。」〔註6〕儘管其具體所指是怎樣的五個建築層次或空間序列並不明確，但是所謂「堪輿五星」可能是附會於所謂「日月合璧，五星連珠」的觀念，同時也反映了人們對公署中軸線院落的序列關係已經視作常識。

　　由照壁、轅門柵欄及牌坊等圍合的門前空間是爲了保證公署大門的獨立性和專屬性，並肅靜門庭。整個公署外牆唯一的出入口就是位於中軸線正南方位的大門。有的主要公署把門屋建造爲多層的門樓，兼用作瞭望報時的譙樓。

　　大門之內的院落中一般有戒石亭或牌坊，東西兩側之外可能布置其他功能用房，沿著院落中間的磚漫甬道，可到達儀門（或稱二門等）。

　　儀門之內是政務功能集中的大堂所在院落，正面爲大堂，東西兩廂分別布置吏、戶、禮、兵、刑、工各房以及承發、架閣等房。後面的二堂等院落一般也都是正堂加東西廂房的布局模式。

　　之所以稱爲「儀門」，可能包含著儀表堂堂、儀態萬方的禮儀方面的意味。儀門通常門扇關閉，只有在上官或特定貴賓來臨，才會打開，由主官經此迎送。平時進出大堂院落，都需要走儀門東西兩側的角門，一般東門進，西門出，關於這樣的規定，明人馮夢龍在小說《醒世恒言》中也提到，「大凡衙門，有個東進西出的規矩。」〔註7〕

6.1.2　規模特徵

　　《明書》又名《罪惟錄》，是二十五史的別史之一，其中記有洪武三十年

〔註6〕康熙《廣昌縣志》前卷。
〔註7〕〔明〕馮夢龍《醒世恒言》第十五卷，赫大卿遺恨鴛鴦條。

的公署建築有關的尺度規定，「欽定公廨制：公廨三間，耳房左右各二；府、州、縣外牆高一丈五尺，府治深七十五丈，闊五十丈，州縣遞減之。公廨後房屋，正，即官居之，左右，佐貳首領官居之。公廨東另蓋分司一所，監察御史按察司居之。公廨西另一所，使客居之。」〔註8〕

> 公廨，正廳三間，耳房各二間，通計七間。府、州、縣外牆高一丈五尺，有青灰泥。府治深七十五丈，闊五十丈，州治次之，縣治又次之。公廨後起蓋房屋，與守令正官居住，左右兩旁，佐貳官、首領官居之。公廨東另起蓋分司一所，監察御史、按察分巡官居之。公廨西起蓋館驛一所，使客居之。此洪武元年十二月欽定制度，大約如此。見《溫州府志》。〔註9〕

以上對公署院落規模的記載較爲明確，而且內容基本吻合，雖然我們目前尚無更有力的文獻或考古材料對其加以佐證，並且二者所載「欽定」制度的紀年有別，但其所言鑿鑿，當非空穴來風。尤其其中的府治深 75 丈闊 50 丈等內容，我們對照北邊衛所城市主官公署實例可能的平面佔地規模，推算尺度，在數量級上是大致接近的。

儘管如此，我們認爲這樣的公署尺度規制很可能並未全面得以推行。一方面，其規定原文本身就不夠明確。除了府治爲準確丈尺外，州、縣治均不詳細，即使有關公署儘量按照原文規定來蓋造，差異也會很大。另一方面，從具體平面尺度來探討，除了新建的實土衛所城市，在現實中的非實土衛所城市，很少能爲府、州、縣主官公署提供這樣一塊規整完美的地幅，可以「標準化」地落實公署的平面尺度規制。實際上，根據我們掌握的大量主官公署材料來看，多數公署都是在所在城市中有限的建造基址上蓋造的，並且時加改建拓展，因此，也很難找到一個府治的實例能與前述丈尺完全符合。

一定程度上，通過某種固定的尺度規制來歸納北邊衛所城市的主官公署基本上是不可行的，或者說，我們對這些主官公署規模特徵，不能依靠具體丈尺來總結，而需要通過其他方式。

我們注意到，前述公署「正廳三間，耳房二間」是對中軸線主要廳堂規模（開間）特徵的規定，而且，不晚於明代中期，相關規制已經發生了深化和細化，成爲了通行的等級制度之一。

〔註8〕〔清〕查繼佐《罪惟錄》卷二十八・將作志。
〔註9〕欽定四庫全書，子部，小說家類，雜事之屬，菽園雜記，卷十三。

　　國初著令，凡官民、服色、冠帶、房舍、鞍馬、貴賤各有等第，
上可以兼下，下不可以僭上。……所以辨上下、定民志，至今遵守，
不敢違越。其禁制備列於後。凡房屋，洪武二十六年定，官員蓋造
房屋，並不許歇山轉角、重簷重栱、繪畫藻井。其樓房不繫重簷之
例，聽從自便。

　　公侯前廳七間或五間，兩廈九架造。中堂七間九架。後堂七間
七架。門屋三間五架。門用金漆及獸面擺錫環。家廟三間五架。俱
用黑板瓦蓋。屋脊用花樣瓦獸。梁棟斗栱簷桷、用彩色繪飾。窗枋
柱用金漆、或黑油飾。其餘廊廡庫廚從屋等房，從宜蓋造。俱不得
過五間七架。

　　一品、二品廳堂五間九架。屋脊許用瓦獸。梁棟斗栱簷桷用青
碧繪飾。門屋三間五架。門用綠油、及獸面擺錫環。

　　三品至五品、廳堂五間七架。屋脊用瓦獸。梁棟簷桷、用青碧
繪飾。正門三間三架。門用黑油、擺錫環。

　　六品至九品、廳堂三間七架。梁棟止用土黃刷飾。正門一間三
架。黑門鐵環；

　　一品官房舍除正廳外。其餘房舍，許從宜蓋造。比正屋制度，
務要減小，不許太過。其門窗戶牖、並不許用朱紅油漆。〔註10〕

這樣的規制至少可以反映兩方面的意思，其一，各級官員公署主要廳堂
的規模（開間）由其品秩確定；其二，規制可隨宜從簡，但不可僭越。

　　在此基礎上，根據已掌握的北邊衛所城市有關主官公署實例，下面分別
對都司、衛、所及其城市中的對應行政主官公署規模情況詳細討論。

6.2　都司公署

　　明代一個地域的都指揮使司（簡稱「都司」，初期也稱「都衛」），為當
地諸衛所的最高領導機構，「掌一方之軍政，各率其衛所以隸於五府，而聽
於兵部」〔註11〕，統率其所轄衛所，屬五軍都督府而聽從兵部調令。都指揮
使是都司的主官，官秩一般為正二品。

〔註10〕以上引文均見《明會典》卷六十二，房屋器用等第。
〔註11〕《明史》志第五十二，職官五。

　　都司公署一般治於其下屬衛的建置城市中，在本文研究關注的北邊衛所城市中有五個沿邊都司公署，其中，遼東都司治遼陽、大寧都司治保定府（永樂後）、萬全都司治宣府、山西行都司治大同府、陝西行都司治甘州。另有兩個沿邊都司，山西都司治太原府、陝西都司治西安府，雖然這兩個衛所城市在沿邊都司屬下，但其均處於邊內腹地且距北邊較遠，基本可以參照內地衛所城市，因此，未將其都司公署等城市建築納入我們的研究範圍。

　　在現知的明代及清代所記前代情況的歷史文獻中，僅見明代遼東都司有關公署建築的布局和規模較爲明確。

　　遼陽城遼東都司治：在城內。正堂七間，抱廈三間，左右鎮胡廳各三間，東西吏房各二十間，後堂七間，中廳三間，東掌印都司宅一，西僉書都司宅一，儀門十三間，廊房四十間，東斷事司內宅二，西經歷都事宅，大門五間，榜房八十間，坊牌三，南曰全遼闓寄，東曰振武，西曰揚威，洪武四年都指揮馬雲、葉旺建。〔註12〕

　　遼陽城副總兵府：都司治東北。正廳五間，穿廳三間，中廳五間，東西廂房六間，小廳三間，涼亭三間，東、西儀房十間，寢房七間，廂房十間，樓三間，馬神土地廟六間，箭廳三間，廚房六間，儀門三間，大門三間，中軍廳六間，直房十二間，坊二，東曰間外長城，西曰河東重鎮。〔註13〕

　　作爲北邊衛所城市軍政主官常設公署中的最高等級者之一，遼東都司治所擔負的職能相當複雜艱巨，「都司、衛所除組織軍事活動外，所理政務內容如同一般地方州縣衙門一樣，主要有五項：勸督農桑、徵賦派役、興辦教育、管理民間貿易、處理民間（包括軍隊）詞訟。」〔註14〕

　　　　凡各省、各鎮鎮守總兵官，副總兵，並以三等眞、署都督及公、侯、伯充之。有大征討，則掛諸號將軍或大將軍、前將軍、副將軍印總兵出，既事，納之。其各府之掌印及僉書，率皆公、侯、伯。

〔註15〕

　　在明代的多數時間裏，遼東都指揮使常位列左軍都督府正、從一品銜以領都司，因軍職出身往往又世襲侯、伯，而且多佩有鎮東將軍印充鎮守總兵

〔註12〕嘉靖《全遼志》卷一。
〔註13〕嘉靖《全遼志》卷一。
〔註14〕李三謀，明代遼東都司、衛所的行政職能，遼寧師範大學學報（社科版），1989（06）：74。
〔註15〕《明史》卷七十六，志第五十二，職官五。

官。也就是說，遼東都司治多數時候又是總兵官府署。

表 6.2.1　遼東都司、副總兵府公署等中軸線主要建築規模情況

公　署	大門	儀門（二門）	大堂（正堂、正廳、前廳）	二堂（穿廳、中廳、中堂）	三堂（後廳、中廳、後堂）
《明會典》公侯	三間	三間	五間或七間	七間	七間
《明會典》一二品	三間	三間	五間	五間	五間
遼陽都司治	五間	十三間（可能含儀房十間）	七間（前有抱廈三間）	七間	三間
副總兵府	三間	三間（東西儀房十間）	五間	三間	五間

　　遼陽都司公署的大堂、三堂均為七間，超過《明會典》一、二品官員公署的規制，達到了公、侯級別，甚至其大門五間超過了公侯。這是與其主官實際職銜對應的。而遼陽副總兵府則相當於一、二品公署。總體來看，上述遼陽城總兵、副總兵公署的規制應當是與其職級相對應的，規模宏闊，氣勢壯觀。

圖 6.2.1　清代中期大同總鎮（明代山西行都司）署圖

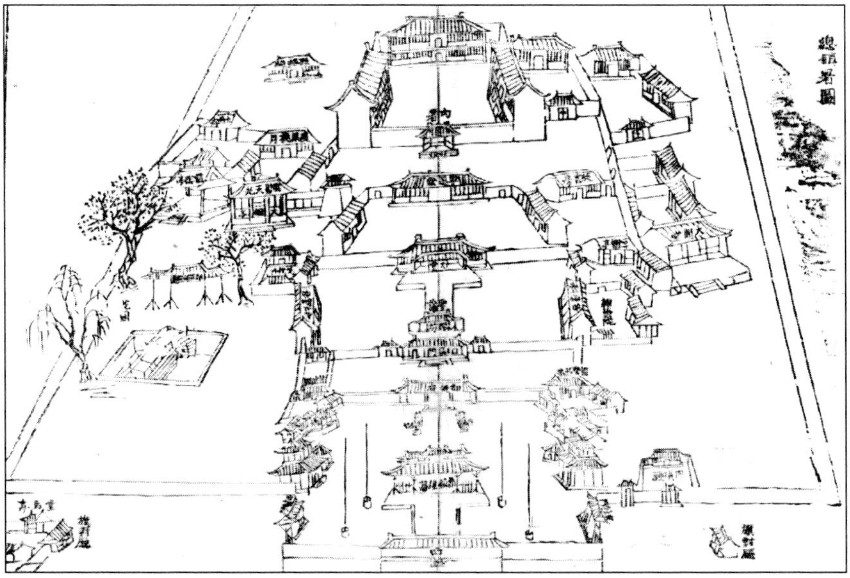

（資料來源：乾隆《大同府志》）

　　都司級主官公署的主要軸線，由南至北的建築空間主要有以下層次：其
一，由照壁、轅門、柵欄、及牌坊等圍合的門前空間。其二，大門與儀門形
成的禮儀空間。值得注意的是遼陽都司儀門兩側會有十間左右的東西儀房，
這與其總理當地軍政、民政的強大功能需求應當是直接相關的；其三，儀門
與大堂及東西廂圍合為一個主要治事空間，這個空間的主要建築應該最為宏
壯。其四，大堂後至二堂院落。其四，二堂後至三堂院落（山西行都司公署
可能無此層次）。此外，最後（北）面應當是較為私密的居寢院落。而主要
軸線兩側的院落，多為輔助官吏職房及次級官吏住宅。

圖 6.2.2　明代遼陽城遼東都司治與副總兵公署中軸線主要建築規模

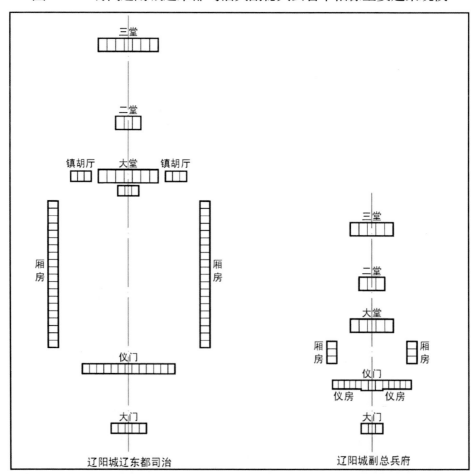

（資料來源：自繪）

6.3　衛及對應公署

在明代，衛指揮使是衛的主官，官秩正三品。「自衛指揮以下其官多世襲，其軍士亦父子相繼，爲一代定制。」〔註16〕衛指揮使一職，世襲廕補者較多，也有很大一部分是通過武選由下級衛所官員（多爲世襲）升遷而來的。在實土衛建置的城市中，衛指揮使公署是最基本的兼管地方軍政和行政的機構；在非實土衛建置的城市（可能爲府、州、縣）中，衛指揮使公署是最基本的地方軍政機構，與主管地方行政的府或州、縣公署並立。這種行政和軍政並立又關聯的關係可以反映在諸多方面。

> 禮部奏更定救日食儀，前期結綵於禮部儀門及正堂，設香案於露臺上，向日設金鼓於儀門內兩傍，設樂於露臺下，各官拜位於露臺上下，至期百官朝服入班，贊禮唱鞠躬樂，作四拜，興樂止，跪執事者捧鼓詣班首前，班首擊鼓三聲，眾鼓齊鳴，侯復圜，贊禮唱鞠躬四拜，興樂止，禮畢。月食則百官便服於都督府救護，如前儀。其在外諸司，日食則於布政使司、府、州、縣；月食則於都指揮使司、衛、所，禮亦如前。從之。〔註17〕

因此，我們對北邊衛所城市主官公署規模的關注，必然就需要將衛公署與其可能對應公署進行關聯討論。又由於明代府的主官是知府，官秩爲正四品；州的主官是知州，官秩爲從五品；縣的主官是知縣，官秩只有正七品，差別較大。僅就品級而言，衛指揮使公署在規模上應當更爲突出。

在北邊衛所城市中，與衛指揮使公署對應的公署情況具體這有四種：在實土衛所城市中兼理軍民政事的衛公署；在非實土衛所城市中的衛及分別對應的府公署；對應的州公署；對應的縣公署。

6.3.1　衛公署

述及明代北邊衛所城市情況的明清地方志材料中，關於實土衛所城市中兼理軍民政事的衛指揮使司公署，已知實例如下：

開平中屯衛署：正廳三間，東西司房六間，經歷廳三間，鎮撫廳三間，儀門三間，大門三間，預備倉三間，左右中前後五千戶所，各一間。〔註18〕

〔註16〕《明史》志第五十二，職官五。
〔註17〕《明太祖實錄》卷之二百二十六，洪武二十六年三月丙午朔。
〔註18〕弘治《永平府志》卷五·兵制。

－199－

　　天津左衛公署：轅門二座，旗臺二座，鼓棚二座，大門三間，儀門三間，腳門二間，東皀吏房三間，西皀吏房三間，大堂五間，東餉銀庫一間，西餉銀庫一間，抱廈三間，二堂五間，東號房，兵馬房，河海房，稿房，西賢否房，刑名房，糧餉房，屯田房，內宅門一座，內宅上方五間，東廂房三間，西廂房三間，後宅高樓五間，東廂房三間，西廂房三間，東夾道上房三間，東廂房二間爲一院；後上方三間，過亭三間，東廂房二間爲一院。〔註19〕

　　山海衛治：中爲正廳，廳左爲經歷司，廳右爲鎮撫司，廳俱南向，廳前東西爲六房，承發科架閣庫稍前爲儀門中門，中門之外東爲右所前所後所衛獄；西爲中左所中右所山海所中前所中後所，又前爲大門。最後爲後堂，廳西廊後爲經歷知事廨。〔註20〕洪武十四年創建。正廳五間，中廳五間，儀門三間，前門三間，東西司房各十間，經歷廳三間，西幕廳三間，衛鎮撫廳一所，軍器局一所。中前、中後、中左、中右、山海、中前、中後八千戶所各一間。旗纛廟三間，神槍庫三間。〔註21〕

圖6.3.1　清代中期懷來縣（明代懷來衛）治圖

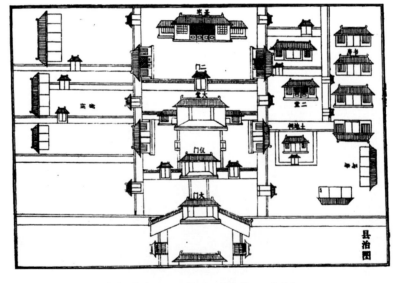

（資料來源：康熙《懷來縣志》）

〔註19〕康熙《天津衛志》卷二‧公署。
〔註20〕嘉靖《山海衛志》卷三‧建置。
〔註21〕弘治《永平府志》卷五‧兵制。

圖6.3.2　清代中期左雲縣（明代大同左衛）署圖

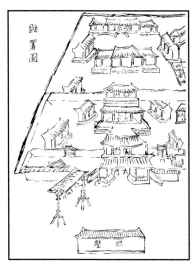

（資料來源：嘉慶《左雲縣志》）

圖6.3.3　清代中期天鎮縣（天城衛）署圖

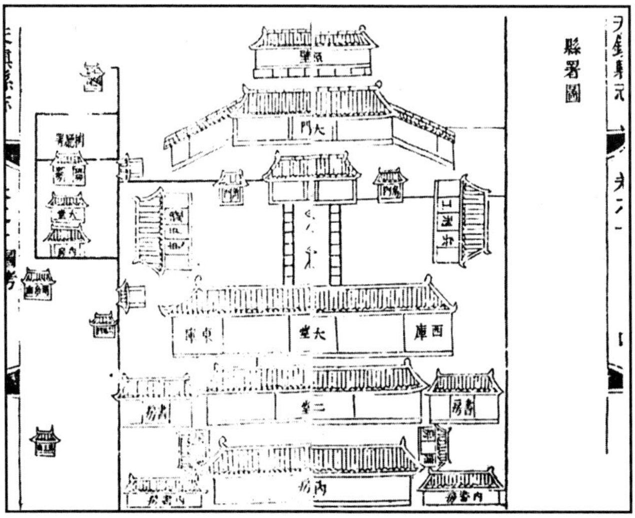

（資料來源：乾隆《天鎮縣志》）上南下北

　　天鎮縣（天成衛）署：舊爲天城衛署，……大門三間，儀門三間，大堂
三間，東西庫各一間，東西吏廨各五間，二堂三間，東西幕廳各三間，東西
照廳各三間，後堂三間，東西書軒各三間，左右廂房各三間。〔註22〕

〔註22〕乾隆四年《天鎮縣志》卷三・公署。

圖 6.3.4　清代中期懷安縣（明代懷安衛）治圖

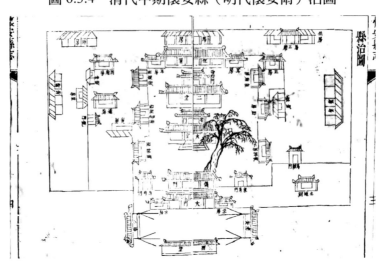

（資料來源：乾隆《懷安縣志》）

岷州衛署：正堂五間，後堂三間。經歷司在堂左，知事廳在堂右；吏戶禮在南廂房，兵刑工在北廂。儀門五間，角門二間。牌亭二座，在儀門外。大門五間。〔註23〕

圖 6.3.5　清代後期洮州廳（明代洮州衛）署圖

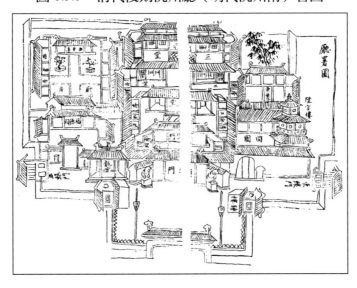

（資料來源：光緒《洮州廳志》）

〔註23〕康熙《岷州衛志》壇廟。

　　涼州衛署：牌樓三楹，大門三楹，土地祠一處，二門三楹，東西角門各一，大堂五楹，東一楹為協房，西一楹為庫，東西廂房各十五，堂前牌樓三楹，二堂五楹，東西廂房各五，三堂五楹，東西廂房各五，射圃一處。〔註24〕

　　永昌衛（協鎮）公署：在縣西南，北向。正堂五間，東西廊房十間，二堂五間，東西書房六間，內廳五間，東西廂房六間，儀門三間，東西角門二間，大門三間，坊一座。轅門二，花亭一，書房十間，箭道亭三間，署西中軍廳三間，更鼓樓一座，神機庫三間，雜造局一院。〔註25〕

圖 6.3.6　清代後期鎮番縣（明代鎮番衛）署圖

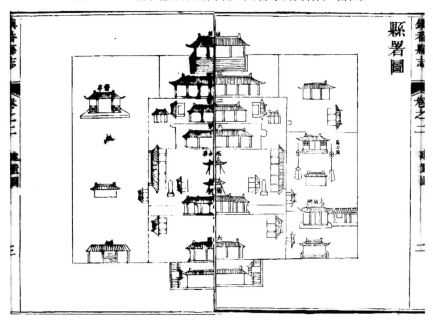

（資料來源：道光《重修鎮番縣志》）

〔註24〕乾隆《武威縣志》卷一·公署。
〔註25〕乾隆《永昌縣志》卷三·公署。

圖 6.3.7　清代中期山丹縣（明代山丹衛）署圖

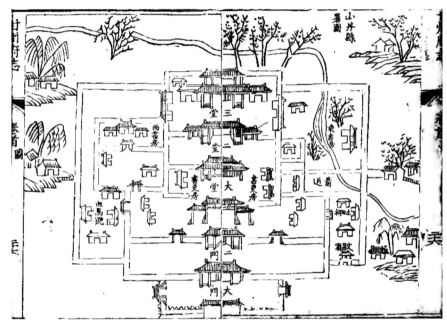

（資料來源：乾隆《甘州府志》）

其中，對中軸線主要建築大門、儀門、大堂（及東西廂房）、二堂以及可能的三堂等規模進行總結。

表 6.3.1　明代北邊實土衛建置城市衛公署實例中軸線主要建築情況

城市	對應衛／所城市	所在衛／所隸屬	大門（前門、三門、外門）	儀門	大堂（正堂、正廳、前廳）	東西廂房（六房、司典房、椽房）	二堂（穿廳、中廳、後廳）	三堂
《明會典》三品至五品	——	——	三間	三間	五間	——	五間	五間
山海衛署〔註26〕	山海衛城	後軍都督府直隸	三間	三間	五間	各十間	五間	
天津左衛署〔註27〕	天津衛城	後軍都督府直隸	三間	三間	五間（抱廈三間）	各三間	五間（抱廈三間）	

〔註26〕弘治《永平府志》卷五・兵制。
〔註27〕康熙《天津衛志》卷二・公署。

開平中屯衛署〔註28〕	開平中屯衛城	後軍都督府直隸	三間	三間	三間	各三間		
懷來衛署〔註29〕	懷來衛城	萬全都司	三間	三間	三間	各三間		
懷安衛署〔註30〕	懷安衛城	萬全都司	三間	三間	三間	未詳	三間	
大同左衛署〔註31〕	大同左衛城	山西行都司	三間	三間	三間	未詳		
天成衛署〔註32〕	天成衛城	山西行都司	三間	三間	五間	各四間	三間	
岷州衛署〔註33〕〔註34〕	岷州衛城	陝西都司	五間	五間	五間	未詳	三間	
洮州衛署〔註35〕	洮州衛城	陝西都司	三間	三間	三間	各五間	五間	五間
涼州衛署〔註36〕	涼州衛城	陝西行都司	三間	三間	五間	各十五間	五間	五間
永昌衛署〔註37〕	永昌衛城	陝西行都司	三間	三間	五間	各五間	五間	
鎮番衛署〔註38〕	鎮番衛城	陝西行都司	三間	三間	五間	各五間	五間	七間
山丹衛署〔註39〕	山丹衛城	陝西行都司	三間	三間	五間	未詳	三間	五間

〔註28〕弘治《永平府志》卷五‧兵制。
〔註29〕根據康熙《懷來縣志》縣治圖。
〔註30〕根據乾隆《懷安縣志》縣治圖。
〔註31〕依據嘉慶《左雲縣志》縣署圖。
〔註32〕依據乾隆四年《天鎮縣志》縣署圖。
〔註33〕嘉靖《固原州志》卷一‧文武衙門。
〔註34〕康熙《岷州衛志》壇廟。
〔註35〕依據光緒《洮州廳志》廳署圖。
〔註36〕乾隆《武威縣志》卷一‧公署。
〔註37〕乾隆《永昌縣志》卷三‧公署。
〔註38〕依據道光《重修鎮番縣志》縣署圖。
〔註39〕依據道光《山丹縣志》署圖。

圖 6.3.8　明代北邊衛所城市獨立衛指揮使司公署中軸線主要建築常見
　　　　　規模

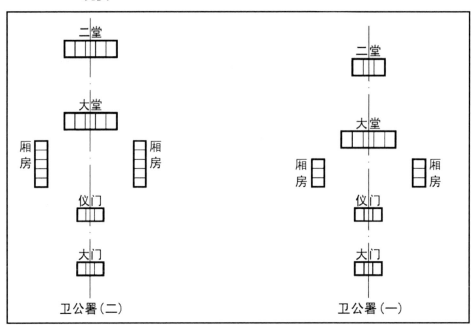

（資料來源：自繪）

分析上述實例可知：

第一，大門和儀門規模一般都是三間，僅有岷州衛署均為五間。顯然，這種禮儀空間的統一性必定與相關制度規定有關；

第二，大堂的規模大部分（實例中 8／13）為五間，其餘為三間；這表明當時大部分衛公署大堂規模的確定是依照其主官衛指揮使的三品標準執行的；另外，還有相當一部分衛公署大堂規模是採取了較低一些的標準，可能是由於其治事職能較弱或者地方建設條件限制等；

第三，大堂的東西廂房各為三、四、五、十、十五間不等，這可能是因為並無明確的規定限制其規模，往往更多地是根據不同衛公署的實際政事處理需求來確定；

另外，二堂以及可能的三堂規模也是五間居多，也有一些為三間，甚至有三堂規模達到七間的，如鎮番衛署，此實例的具體情況及緣由，限於相關材料缺乏，目前我們尚不清楚。

6.3.2　衛及對應府公署

明代北邊衛建置城市有不少是府城，這些城市往往在明代以前就是其周邊一定地域內的政治經濟中心，而且城市建設較為成熟完善，府的主官公署原有建設水平一般都較高。我們從有關史料中整理出永平府、大同府、慶陽府的有關實例：

永平府治：府廳五間，後廳五間，廂房六間，經歷司三間，照磨所三間。戒石亭一座，儀門三間，外門五間，承發司一間。司典吏房東西各十九間，土地堂一間，榜房十五間，知府宅一所，同知宅一所，通判宅二所，推官宅一所，經歷宅一所，知事宅一所，照磨宅一所，檢校宅一所，吏舍三十間，在府治內西，廳房三間，庫房南北各三間。〔註40〕

永平衛署（永平府）：正廳三間，兩耳房四間，東西司房六間，經歷廳三間，鎮撫廳一間，八千戶所每所廳各三間，門房一間，百戶所十處，儀門三間，大門三間，旗纛廟一所三間，在衛堂東，門房一間，獄房四間，雜造局官廳先後六間，匠作房一十間，庫房八間，中門一間，大門一間。〔註41〕

圖 6.3.9　明代永平府公署圖

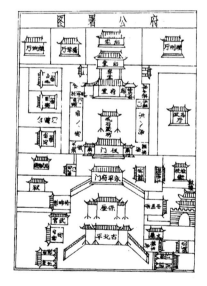

（資料來源：萬曆《永平府志》）

東勝左衛署（永平府）：正廳三間，東西司房六間，經歷廳三間，鎮撫廳

〔註40〕弘治《永平府志》卷三・公署。
〔註41〕弘治《永平府志》卷五・兵制。

三間，獄房三間，大門一座，左右中前後五千戶所各三間，雜造局六間，作房十間，旗纛廟三間。〔註42〕

　　大同府治：在鎮城正西，洪武九年創建，中為牧愛堂。堂之內左闢門為銀庫，右闢門衛髒罰庫，堂之外左為經歷司，右為照磨所。堂墀東列吏戶禮承發科，雜貨庫在焉，西列兵刑工勘合科，市貨庫在焉。中闢儀門為三，而儀仗架閣兩庫各附於角門之外，左右皆南向，堂後正北為思補堂，招房在其左，庫卷房在其右，各有便門，以局出入。再稍進而北，為知府正宅，前為隱玉堂，中為川堂，後為寢室，每層各五楹，各翼以小房各六。寢室右有隙地，建小廟，祀漢壽亭侯。前有軒三楹，稍便植花木，扁曰小隱。又前甃高臺，構小亭其上，與小隱軒相值，堪退憩焉。其左亦有隙地，萬曆丁未建書室三楹，配以廂房，另築周垣，垣南為慎獨軒，又南為杏花亭。其自東便門出，為清軍廳宅，又南為理刑廳宅。榜於儀門之左曰兵刑分署。再前為司獄宅，為土地祠。自西便門出，為督糧廳宅，南為經歷宅，照磨知事宅，榜於儀門之右，曰糧儲分署。再前衛吏曹公廨。此皆在府門之內者也。若銀億庫，則建於大門之左，寅賓館則建於牌坊門之右。府前正坊，榜曰雲中郡。左右各二坊。〔註43〕

圖 6.3.10　明代大同府治圖

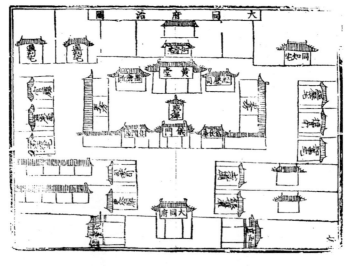

（資料來源：正德《大同府志》）

〔註42〕弘治《永平府志》卷五·兵制。
〔註43〕順治《雲中郡志》卷三·公署。

　　慶陽府治：大堂五間，二堂五間，三堂五間。東西書房各一間在三堂；後廳書房五間。內宅二十間，儀門一重，大門一重；廣儲庫在二堂，戒石亭在大堂甬道；六房東西各十間，經歷署在儀門內。〔註44〕

　　慶陽衛署：在城西南隅，洪武初建。廳治正堂三間，後堂三間，堂後穿廊五間，大門儀門各三間，東西角門各一間，在廳治南，架閣庫在廳治西，吏牘房一十三間在廳治南東西分列，獄一所，在儀門外西南隅，經歷司在廳治左，鎮撫司在廳治右，前左右中中左後六千戶所，分列儀門外東西相向，俱有堂寢門屏，……洪武間撥前千戶所守禦環縣，仍署本衛所治，……旗纛廟在衛治西，軍器庫在衛治西，軍器局在衛治西北，倉三所。〔註45〕

圖 6.3.11　清代前期慶陽府署圖

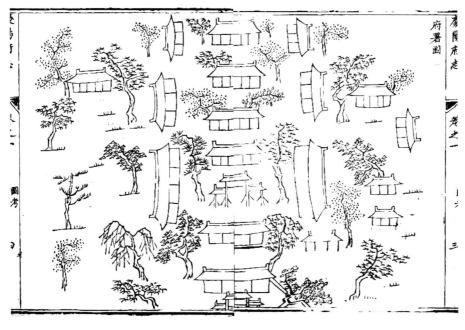

（資料來源：順治《慶陽府志》）

〔註44〕順治《慶陽府志》卷二十・廨署。
〔註45〕嘉靖《慶陽府志》卷六・衛伍。

表 6.3.2　明代北邊有衛建置的府城主要公署中軸線建築情況

公　署	對應衛／所城市	所在衛／所隸屬	大門（前門、外門）	儀門	大堂（正堂、前廳）	東西廂房（六房、搽房）	二堂(穿廳、中廳)	三堂
《明會典》三品至五品	——	——	三間	三間	五間	——	五間	五間
永平府署〔註46〕	永平府城	後軍都督府直隸	五間	三間	五間	各三間	五間	
永平衛署〔註47〕	永平府城	後軍都督府直隸	三間	三間	三間	各三間		
東勝左衛署〔註48〕	永平府城	後軍都督府直隸	未詳		三間	各三間		
大同府署〔註49〕	大同府城	山西行都司	未詳	三間	未詳	未詳	未詳	
慶陽府署〔註50〕	慶陽府城	陝西都司	未詳	未詳	五間	各十間	五間	五間
慶陽衛署〔註51〕	慶陽府城	陝西都司	三間	三間	三間	共一十三間	三間	

　　以上實例所見。首先，從大門和儀門規模來看，實例中明確者大部分都是三間，與衛指揮使正三品和知府正四品的規制相符。只有永平府大門爲五間，有所僭越，這可能與其接近京畿，地結薊遼的重要地位而有所倚重有關。

　　其次，上述實例中，府公署大堂、二堂及三堂（慶陽府署）的規模都是五間，而衛公署的正廳堂均爲三間，而且，永平府城的永平衛署和東盛左衛署院落都是僅有大堂而無二堂。

　　此外，永平府府、衛公署大堂的東西廂房都是各爲三間；而慶陽府公署

〔註46〕弘治《永平府志》卷二・公署。
〔註47〕弘治《永平府志》卷五・兵制。
〔註48〕弘治《永平府志》卷五・兵制。
〔註49〕順治《雲中郡志》卷三・公署。
〔註50〕順治《慶陽府志》卷二十・廨署。
〔註51〕嘉靖《慶陽府志》卷六・衛伍。

的是各爲十間，慶陽衛公署是「一十三間在廳治南東西分列」，有可能府、衛
公署東西廂房的規模有所參照。

圖 6.3.12　明代北邊衛所城市衛及對應府公署中軸線主要建築常見規模

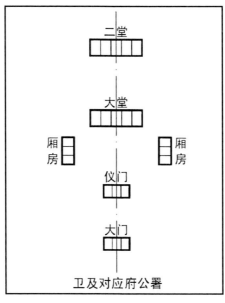

（資料來源：自繪）

6.3.3　衛及對應州公署

　　明代一州的主官是知州，官秩爲從五品，在北邊有衛建置的州城中，就
會有正三品的衛指揮使的公署與州署同時存在，此二公署均在「三品至五品」
的建築規模區間內。現將北邊衛所城市中符合這種情況的公署實例搜集整理
如下：

　　通州州署：正堂三間，後堂三間，後爲內宅，正堂左爲東庫，右爲西庫，
兩廡爲六房吏書廊，甬道中設戒石儀門三，東西有角門，土地祠三間，寅賓
館三間，禁房十間，獄神廟一所，東旌善亭三間，西申明亭三間，譙樓門一
座，大門外榜亭十間。〔註52〕

〔註52〕乾隆《通州志》卷二・衛署。

圖 6.3.13　清中期通州治圖

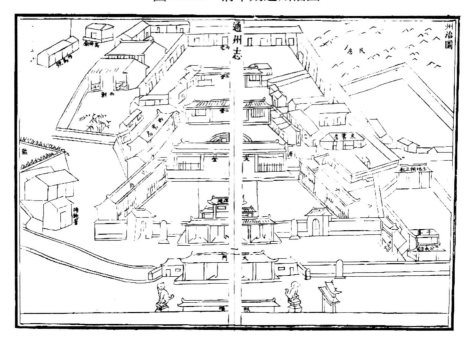

（資料來源：乾隆《通州志》）

正廳三間，後堂三間，正廳東耳房庫一間，正廳西吏目廳一間，東三房
共六間，西三房共六間，戒石門一間，儀門三間，東角門一間，西角門一間，
土地祠一間，儀仗廳一間，禁房十間，獄神廟一間，大門三間，旌善廳一間，
申明亭一間，譙樓門一座在州門東，州門外舊有榜亭十間今無。知州衙一所
在正廳後，同知衙一所在正廳左。判官衙二所一在正廳右一在儀門外東。吏
目衙一所在儀門外西。吏廨共三十間。〔註53〕

通州衛署：在州治東南。正廳□間，後堂□間，經歷廳□間，鎮撫廳□
間，東西六房各十間，左右中前後五千戶所，儀門三間，大門三間。通州左
衛署：在州治東南。正廳三間，後堂三間，經歷廳一間，鎮撫廳一間，東吏
戶禮房五間，西兵刑工房，左右中三所鎮撫監五間，預備倉三間，軍器庫房
二間，儀門一間，大門三間。通州右衛署：在東察院前。正廳三間，後堂三
間，經歷廳一間，鎮撫廳一間，東吏戶禮房三間，西兵刑工房三間，東西耳
房各二間，左右中前後五千戶所鎮撫監二間，預備倉三間，儀門，大門。神

〔註53〕嘉靖《通州志略》卷二・公署。

武中衛署：在鐘鼓樓後西北。正廳三間，後堂三間，經歷廳一間，鎮撫廳一間，東吏戶禮房三間，西兵刑工房三間，左右中前後五千戶所鎮撫監四間，軍器庫房二間，儀門一間，大門三間。定邊衛署：在州治西南。正廳三間，後堂三間，經歷廳一間，鎮撫廳一間，東吏戶禮房三間，西兵刑工房三間，左右中前後五千戶所鎮撫監五間，預備倉三間，軍器庫房二間，儀門三間，大門三間。〔註54〕

圖6.3.14　清代前期易州署圖

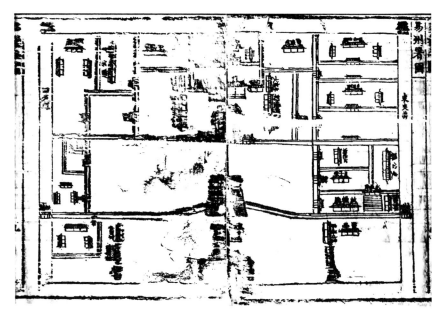

（資料來源：順治《易水志》）

易州治：正廳三間，幕廳三間在正廳西；鑾駕庫三間在正廳東；儀門三間；東司房五間，西司房五間，後廳二間，東西耳房六間，架閣庫四件，文事房三間俱正廳西；造冊房四間，武備房三間俱正廳東；戒石亭一座，鐘鼓樓一座，土地廟在儀門東；日晷一座，獄房三間在儀門西；大門三間，里老聽事房十間在儀門東；腳力馬房十間在儀門西；知州公廨一十二間在正廳北；同知公廨一十二間在正東北；判官公廨一十二間在正廳西；吏目公廨一十二間在正廳東南；〔註55〕

〔註54〕嘉靖《通州志略》卷二‧公署。
〔註55〕弘治《易州志》卷三‧公署。

圖 6.3.15　清代前期遵化州署圖

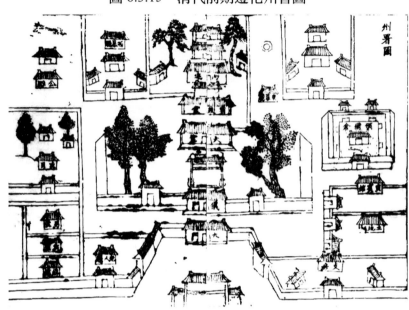

（資料來源：康熙《遵化州志》）

圖 6.3.16　清代前期蔚州治圖　　　圖 6.3.17　明代應州治圖

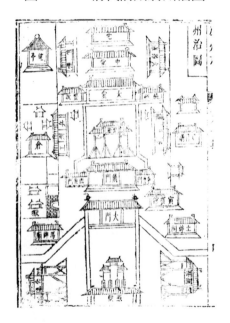 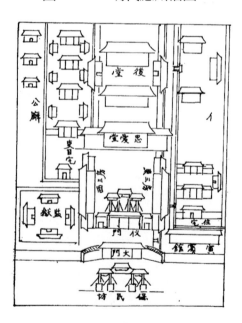

（資料來源：順治《蔚州志》）　　　　（資料來源：萬曆《應州志》）

蔚州州治：正堂五間，贊政廳三間，中廳三間，後廳五間，後宅周環。吏目宅在正廳東，六房在東西廊，皂吏房在東西廊下，公廨四十二間在六房後東西。寅賓館三間，儀門三間，東西角門，大門三間，土神祠在儀門外東，馬神祠在儀門外西，里甲房六間在大門內東西。監禁在大門內西。旌善申明亭在儀門內東西，坊二座。〔註56〕

茂山衛署（易州）：正廳三間，經歷司廳三間在正廳東；鎮撫司廳三間在正廳西；左中後所在儀門東，各百戶所隸焉；右前二所在儀門西，各百戶所隸焉；東西吏房各三間，儀門一座，大門一座。〔註57〕

涿鹿衛署（涿州）：在參將府西，正廳三間後廳五間，書房一間，書吏軍牢房二間，住房十間，儀門三間，大門三間，土地神祠一間，本涿鹿左衛。〔註58〕

應州州治：正堂五間（匾曰忠愛），後堂三間（匾曰思補），東廂房三間，西廂房三間。東三房六間，西三房六間。架閣庫一間，承發司一間。儀門三間，器皿房一間。儀仗庫一間。獄二所。迎賓館五間。管支房三間。土地祠三間。收糧廈二十間。知州宅在州堂東，正房五間，東房三間，西房三間，前廳三間。廳東房二間，廳西方二間，東耳房三間，西耳房三間。鐘鼓樓一座。吏目宅正房三間，東房三間，西房三間，幕廳三間，門二座。六房公廨二十四間。〔註59〕

安東中屯衛衛治（應州）：安東中屯衛指揮使司。正堂五間，前廈三間，後廳五間，東廂房三間，西廂房三間，東吏房三間，西吏房三間，左所廳三間，右所廳三間，左右所廂房各三間。二門三間，大門三間。神機庫三間，旗纛神廟一間，獄一處。〔註60〕

岢嵐州署：州治在居仁街之北。正堂三楹，法堂三楹，三堂三楹，堂左右耳房，各三間，東西廂各三楹，正堂東列吏戶禮三房，課程附之，正堂西列兵刑工三房，承發附之，南即儀門，又南為大門，前有照牆，樹八字柵門於兩旁，前鑿池曰飲牧池，又前樹坊一，儀仗庫在正堂左，金銀庫在正堂右，戒石亭在堂前甬道中，明天啓六年建後易為木坊。吏目廨，在州治東左為福

〔註56〕順治《蔚州志》卷上。
〔註57〕弘治《易州志》卷三・公署。
〔註58〕康熙《涿州志》卷三・武備。
〔註59〕萬曆《應州志》卷二，公署。
〔註60〕萬曆《應州志》卷二，公署。

德祠右爲繆公祠俱在大門內酇侯廟在正堂東北土地祠在儀門東南迎賓館在土
地祠前州獄在儀門西）〔註61〕

　　代州署：大堂五楹，左幕廳右齋室，東西庫各一，前爲露臺，臺前爲甬
道，甬道中牌坊二，前爲儀門大門三楹，夾甬左右爲曹房，狩獄在西曹房前
儀門外，東爲土地祠，西爲延賓館，前後屋各三楹，中爲大門，門三楹，前
豎坊，大堂後退堂三楹，左右茶廚屋各三間，退堂後爲小軒三楹，蓋州大夫
退思批閱地，其餘群室則幕中賓友曁給使令者居之。〔註62〕

圖6.3.18　清代中期代州署圖

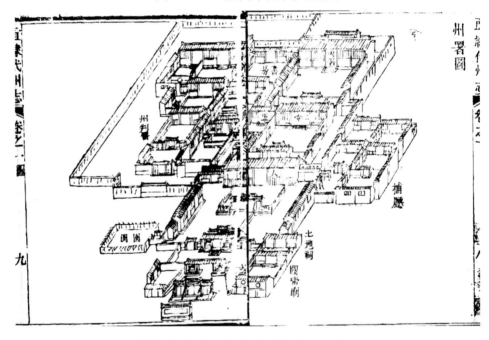

（資料來源：乾隆《直隸代州志》）

　　秦州署：在城內東街。前爲正堂，規制宏敞，堂前爲卷棚，卷棚前爲露
臺，臺下爲箴坊，左右東西向爲六房吏廨，外爲儀門，左右有角門，其外東
爲土神祠，祠南爲吏目署，門西爲獄門，門南爲寅賓館，又外爲大門，上有
譙樓。大門外有申明旌善亭，亭下東西有轅門，堂後有二堂，再後爲三堂，
其左右各爲幕房，再後爲內宅，東爲箭道。〔註63〕

〔註61〕光緒《岢嵐州志》卷三·公署。
〔註62〕乾隆《直隸代州志》卷一·公署。
〔註63〕乾隆《直隸秦州新志》卷三·建置。

圖 6.3.19　清代後期河州鎮（明代河州衛）署圖

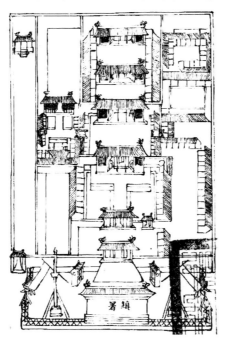

（資料來源：宣統《河州採訪事蹟》）

圖 6.3.20　清代中期秦州署圖

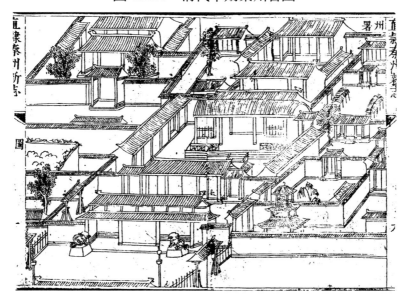

（資料來源：乾隆《直隸秦州新志》）

　　河州鎮（衛）署：在鼓樓西，大堂、二堂、三堂、四堂各五間，東分三院，中居幕僚後廚院前馬號西院客廳三間，南有戲臺，再西爲箭道，大堂左右爲巡捕廳，東西各房衛聽差辦公處，前宜門大門，門外左右列鼓吹樓，南建照壁柵欄，環周轅門，分東西焉，東出街口有坊。〔註64〕

圖 6.3.21　　清代初期河州公署圖

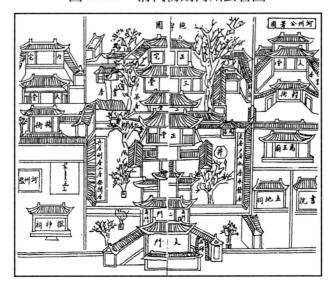

（資料來源：康熙《河州志》）

表 6.3.3　　明代北邊有衛建置的州城主要公署中軸線建築情況

公署	對應衛／所城市	所在衛／所隸屬	大門（前門、三門、外門）	儀門	大堂（正堂、正廳、前廳）	東西廂房（六房、司典房、掾房）	二堂（穿廳、中廳、後廳）	三堂
《明會典》三品至五品	——		三間	三間	五間	——	五間	五間
通州州署〔註65〕	通州城	後軍都督府直隸	三間	三間	三間	各六間	三間	

〔註64〕宣統《河州採訪事蹟》‧公署。
〔註65〕嘉靖《通州志略》卷二‧公署。

通州衛署〔註66〕	通州城	後軍都督府直隸	三間	三間	未詳	各十間	未詳	
通州左衛署	通州城	後軍都督府直隸	三間	一間	三間	各五間	三間	
通州右衛署	通州城	後軍都督府直隸	未詳	未詳	三間	各三間	三間	
神武中衛署	通州城	後軍都督府直隸	三間	一間	三間	各三間	三間	
定邊衛署	通州城	後軍都督府直隸	三間	三間	三間	各三家	三間	
涿鹿衛署〔註67〕	涿州城	後軍都督府直隸	三間	三間	三間		五間	
易州州署〔註68〕	易州城	大寧都司	三間	三間	三間	各五間	二間	
茂山衛署〔註69〕	易州城	大寧都司	未詳	未詳	三間	各三間		
蔚州衛署〔註70〕	蔚州城	萬全都司〔註71〕	三間	三間	五間	各二十間	五間	
蔚州州署〔註72〕	蔚州城	萬全都司	三間	三間	五間	各三間	三間	五間
安東中屯衛署〔註73〕	應州城	山西行都司	三間	三間	五間(抱廈三間)	各三間	五間	
岢嵐州署〔註74〕	岢嵐州城	山西都司	未詳	未詳	三間	各四間	三間	三間
代州州署〔註75〕	代州城	山西都司	三間	三間	五間	未詳	三間	三間

〔註66〕以下五衛均見，嘉靖《通州志略》卷二・公署。
〔註67〕康熙《涿州志》卷三・武備。
〔註68〕弘治《易州志》卷三・公署。
〔註69〕弘治《易州志》卷三・公署。
〔註70〕崇禎《蔚州志》卷二，官署。
〔註71〕宣德五年後，由山西行都司改隸。
〔註72〕順治《蔚州志》卷上。
〔註73〕萬曆《應州志》卷二，公署。
〔註74〕光緒《岢嵐州志》卷三・公署。
〔註75〕乾隆《直隸代州志》卷一・公署。

固原衛署〔註76〕	固原州城	陝西都司	三間	三間	五間	各六間	五間	
河州鎮（衛）署〔註77〕	河州城	陝西都司	未詳	未詳	五間	未詳	五間	五間
綏德州署〔註78〕	綏德州城	陝西都司	大門洞樓三間	三間	五間	各十一間	五間	

圖 6.3.22　明代北邊衛所城市衛及對應州公署中軸線主要建築常見規模

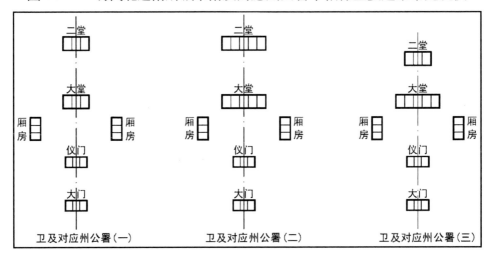

（資料來源：自繪）

　　從上述公署的規模來看，有如下比較結論：

　　第一，實例中大門和儀門規模大部分都是三間，與《明會典》三品至五品的規制相符。

　　第二，大堂規模為五間的有 8 例，三間的有 9 例。同城衛、州公署可對比的有蔚州、易州、通州，其衛、州大堂規模是一致的，尤其在通州，公署眾多，但幾乎所有的州、衛公署大堂都是三間，均比規制規模小。而二堂也均是三間與五間不等。這表明三間的廳堂規模也足以滿足衛及對應州公署的政事需要。蔚州、岢嵐州、代州等相當多的州署在中軸線的行政空間後部還設有三堂。

〔註76〕嘉靖《固原州志》卷一·文武衙門。
〔註77〕宣統《河州採訪事蹟》·公署。
〔註78〕乾隆《綏德州直隸州志》卷二·官廨。

　　第三，這些州、衛公署大堂的東西廂房者居多是各為三間，另有五、六、十、十一、二十間不等。同城的衛、州公署可對比的者，通州衛公署（各 10間）比州公署（各 6 間）規模大，易州的衛公署（各 3 間）比州公署（各 5間）小，蔚州衛公署（各 20間）比州公署（各 3 間）大得多。

6.3.4　衛及對應縣公署

　　在北邊有衛建置的縣城中，主管民政的主官是知縣，官正七品，其縣署與有主管衛所軍政的主官是正三品的衛指揮使，二者的公署並立。有如下衛及對應縣公署的實例可供我們參照：

　　密雲縣署：大門三楹，禮儀門三楹，兩披門，大堂、二堂、三堂並五楹，其東衙西衙、縣獄、土地祠、左右六房、公廨收糧廠、馬房、支度房、旌善亭、申明亭、施藥局皆在署前。〔註79〕

圖 6.3.23　清代後期密雲縣署圖

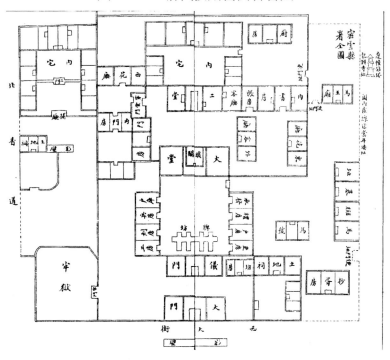

（資料來源：光緒《密雲縣志》）

<hr />

〔註79〕光緒《密雲縣志》卷二・公署。

　　平谷縣治：正廳三間，東西耳房各一間，庫房三間在正廳東；典史廳三間在正廳西；六房東西各五間，大門三間，儀門三間，戒石坊一座在儀門內；後堂三間；倉獄神廟一間，預備倉東西北各三間俱在儀門外東；監房三間在儀門外西；知縣公廨在後堂後；縣丞公廨在東三房東；典史公廨在典史廳西；吏舍在縣丞公廨後；申明亭三間在縣門東；旌善亭三間在縣門西。〔註80〕

　　營州中屯衛署（平谷縣）：正廳三間，抱廈三間，左右耳房各一間，後堂三間，六房東西各三間，大門三間，儀門一間，經歷司廳三間，鎮撫司廳三間，左右中前後所各二間，軍器局三間，軍需庫三間。監房三間；經歷公廨六間。〔註81〕

　　豐潤縣治：後堂三楹，……戒石亭在甬路中；幕廳三楹，儀門譙樓各三楹，庫房二楹在堂東西；鑾駕庫二楹在堂西；司典吏東西序各五楹……各添建四楹；知縣宅在後堂東；共治堂原為縣丞宅，在前堂東，後因裁革改為書舍，……復建正屋三楹，以便士夫之交接，扁曰共治堂；南為門迤西復為一門以總出入；主簿宅在前堂西；典史宅在堂東南隅；吏廨三十間；土地祠在儀門外；重監並獄神廟女監在儀門外西；輕監在儀門外東；申明亭在縣外西。

圖 6.3.24　明代豐潤縣治圖

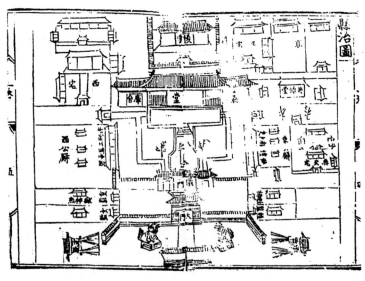

（資料來源：隆慶《豐潤縣志》）

〔註80〕　雍正《平谷縣志》卷一‧公署。
〔註81〕　雍正《平谷縣志》卷一‧公署。

興州前屯衛署（豐潤縣）：正堂五楹；儀門大門各三楹；六房東西各三楹；
經歷司廳三楹；鎮撫司廳三楹；經歷公廨十楹；知事公廨七楹；五千戶所廳
各三楹；獄在儀門外西隅〔註82〕

側。〔註83〕

圖 6.3.25　明代興州前屯衛所圖

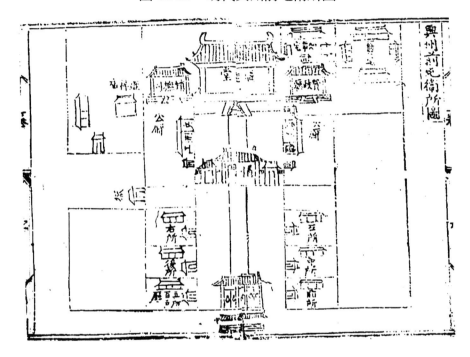

（資料來源：隆慶《豐潤縣志》）

良鄉縣治：大門三間，儀門三間，大堂五間，六房十二間，土地祠獄神
祠各一所。縣尹宅在忠愛堂後，穿堂三間，東西廂房各三間，後（？）堂三
間，宅門一座，住房四間，東西房各二間。〔註84〕

〔註82〕隆慶《豐潤縣志》卷十一·衛所。
〔註83〕隆慶《豐潤縣志》卷四·公署。
〔註84〕康熙《良鄉縣志》卷二·縣署。

圖 6.3.26　清後期良鄉縣署圖

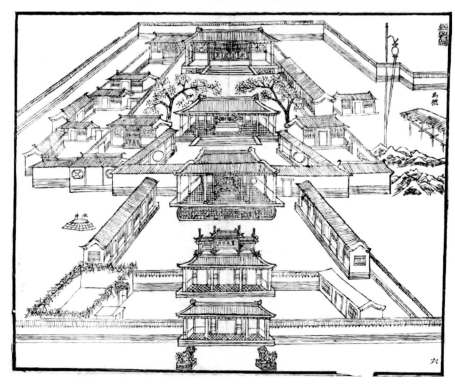

（資料來源：光緒《良鄉縣志》）

遷安縣署：大堂三楹，後爲親民堂，又後爲內宅，凡四層；東庫在堂東翼，西庫在堂西翼；堂前爲露臺，戒石坊在其南，吏戶禮及承發科在露臺之東，兵刑工及馬政科在露臺之西，露臺前爲儀門監獄預備倉在儀門外之西，土穀祠在儀門外之東。〔註85〕正廳三間，後廳三間，戒石亭一座，幕廳三間，東西司典吏房各三間，獄房三間，大門三間，儀門三間，知縣、縣丞、主簿、典史公廨各一所。〔註86〕

〔註85〕同治《遷安縣志》卷十·公署。
〔註86〕弘治《永平府志》卷二·公署。

圖 6.3.27　清代後期遷安縣治圖

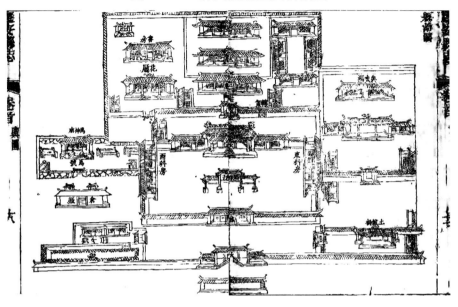

（資料來源：同治《遷安縣志》）

　　興州右屯衛署（遷安縣）：正廳三間，後廳三間，東西司房六間，儀門三間，大門一間。經歷廳三間，衛鎮撫廳三間。左右中前後五千戶所各五間，旗纛廟一間，獄房三間。〔註87〕

　　三河縣治：在城內西北隅。正廳三間，後堂三間，典史廳一間，東西六房各六間，知縣衙一所，縣丞衙一所，主簿衙一所，典史衙一所，土地祠□間，縣獄□間，儀門□間，大門三間。〔註88〕

〔註87〕康熙《天津衛志》卷五・兵制。
〔註88〕嘉靖《通州志略》卷二・公署。

圖 6.3.28　清代中期三河縣治圖

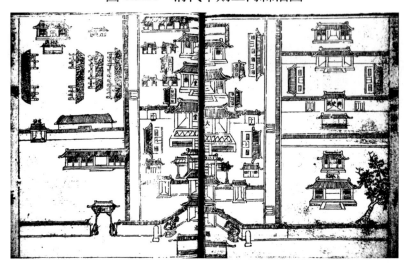

（資料來源：乾隆《三河縣志》）

武清縣治：在城中北隅。正廳三間，後堂三間，典史廳一間，東西六房各六間，知縣衙一所，縣丞衙一所，主簿衙一所，典史衙一所，土地祠□間，縣獄□間，儀門一間，大門三間。〔註89〕

圖 6.3.29　清代中期武清縣治圖

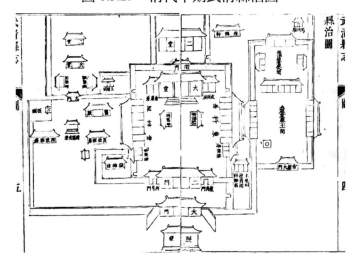

（資料來源：乾隆《武清縣志》）

〔註89〕嘉靖《通州志略》卷二・公署。

　　武清衛治：正廳三間，經歷廳一間，鎮撫廳一間，東西房各六間，左右中前後五千戶所，儀門三間，大門三間。〔註90〕

　　撫寧縣署：在城內東北。堂東西二庫，儀門外東土地祠西寅賓館堂後為二堂為內宅東主簿衙大堂東為典史廨儀門西為監獄。〔註91〕正廳三間，耳房二間，抱廈三間，幕廳一所，東西司典房十間，後堂三間，東西廂房四間，戒石亭一座，儀門三間，獄房一處，知縣、縣丞、典史公廨各一所。〔註92〕

圖 6.3.30　清代後期撫寧縣治圖

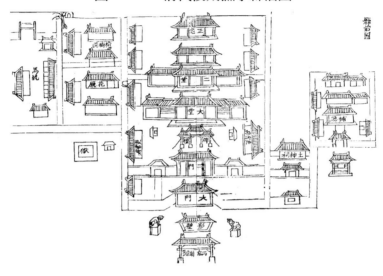

（資料來源：光緒《撫寧縣志》）

　　撫寧衛署：正廳三間，後廳三間，儀門三間，東西典吏房六間，大門三間，東房三間，經歷司三間，鎮撫司三間，預備倉一處，雜造局一處，左右中前後五千戶所及帶管八百戶所各門房一間所廳三間。〔註93〕正廳三間，經歷廳三間，鎮撫廳三間，儀門三間，六房東西六間，大門三間，後廳五間。東房三間，預備倉三間。雜造局一所。〔註94〕

　　遵化縣署（清代為州署）：在城之東北隅，明洪武初頒天下公廨式建。中為正堂七楹（筆者按：此訛，應為五間，參後志可知），堂之左右皆幕庭各三

〔註90〕嘉靖《通州志略》卷二‧公署。
〔註91〕光緒《撫寧縣志》卷四‧公署。
〔註92〕弘治《永平府志》卷二‧公署。
〔註93〕光緒《撫寧縣志》卷四‧公署。
〔註94〕康熙《天津衛志》卷五‧兵制。

楹，堂左下爲承發司，吏戶禮房爲糧科，右下爲兵刑工房爲馬科爲兵南兵北科，堂之後爲省政堂爲募所，堂兩翼爲庫，前爲御箴亭。儀門之左爲大戶房寅賓館土地祠門之右爲獄神祠，又前爲正門，最後爲知縣宅，東縣丞宅，西南典史宅，附吏舍公廨十五間在典史宅後，架閣庫一間在堂之東序，申明亭旌善亭並列縣門兩傍。〔註95〕

　　玉田縣治：在城西北隅。正堂三間，……前爲軒，後爲川堂，後爲宅門，門內燕堂三間，東書房三間，西庫房一間，門房二間，廚房六間，燕堂西首南北房九間，幕廳三間，茶房二間，群房五間，燕堂後內宅寢室五間，西隅正房三間，樓一座，東西廂房各三間。贊政廳三間大堂左廢；架閣庫一座在贊政廳後；內庫一間二堂右；際留存留二倉共房二十間在庫右廢；錢帛庫三間大堂右；六房大堂前東西共十二間；承發科招房共三間廢；皀吏房四間大堂前丹墀下東西分列；直宿房三間川堂右；門子房一間川堂右廢；戒石坊儀門內；寅賓館三間在土地祠前廢；大門三間；禁獄儀門內；倉大門內西廢。〔註96〕

圖 6.3.31　清代中期玉田縣署圖

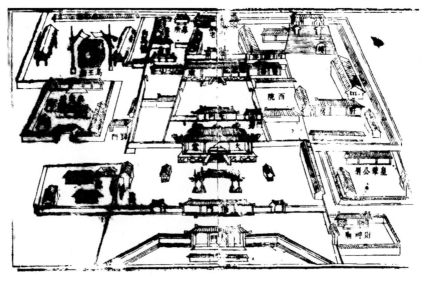

（資料來源：乾隆《玉田縣志》）

〔註95〕康熙《遵化州志》卷三・公署。
〔註96〕乾隆《玉田縣志》卷二・公署。

表 6.3.4　明代北邊衛建置城市主要公署中軸線主要建築情況

公　署	對應衛／所城市	所在衛／所隸屬	大門（前門、三門、外門）	儀門	大堂（正堂、正廳、前廳）	東西廂房（六房、司典房、撥房）	二堂（穿廳、中廳、後廳）	三堂
玉田縣署〔註97〕	玉田縣城	後軍都督府直隸	三間	未詳	三間（前軒）	各六間	不詳	三間
遷安縣署〔註98〕	遷安縣城	後軍都督府直隸	三間	三間	三間	各三間	三間	
興州右屯衛署〔註99〕	遷安縣城	後軍都督府直隸	三間	三間	三間	各三間	三間	
撫寧縣署〔註100〕	撫寧縣城	後軍都督府直隸	未詳	三間	三間（抱廈三間）	各五間	三間	
遵化縣署〔註101〕	遵化縣城	後軍都督府直隸	未詳	未詳	五間	各八間	五間	
豐潤縣署〔註102〕	豐潤縣城	後軍都督府直隸	三間	三間	三間	各五間	三間	
興州前屯衛署〔註103〕	豐潤縣城	後軍都督府直隸	三間	三間	五間	各三間		
密雲縣署〔註104〕	密雲縣城	後軍都督府直隸	三間	三間	五間	未詳	五間	五間
平谷縣署	平谷縣城	大寧都司	三間	三間	三間	各五間	三間	
營州中屯衛署〔註105〕	平谷縣城	大寧都司	一間	三間	三間（抱廈三間）	各三間		
永寧縣署〔註106〕	永寧縣城	萬全都司	三間	三間	五間	各三間	三間	未詳

〔註97〕乾隆《玉田縣志》卷二・公署。
〔註98〕弘治《永平府志》卷二・公署。
〔註99〕康熙《天津衛志》卷五・兵制。
〔註100〕弘治《永平府志》卷二・公署。
〔註101〕康熙《遵化州志》卷三・公署；並參後志書。
〔註102〕隆慶《豐潤縣志》卷四・公署。
〔註103〕隆慶《豐潤縣志》卷十一・衛所。
〔註104〕光緒《密雲縣志》卷二・公署。
〔註105〕雍正《平谷縣志》卷一・公署。
〔註106〕嘉靖《隆慶州志》卷二・官署。

圖6.3.32　明代北邊衛所城市衛及對應縣公署中軸線主要建築常見規模

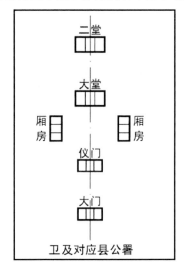

（資料來源：自繪）

再次，這些縣、衛公署大堂的東西廂房者各爲三間和五間者居多，另有玉田縣和遵化縣署各爲六、八間。

由於在北邊衛所城市中，大部分有衛設置的縣城都是分佈在京畿地區，因此，我們掌握的有關實例大部分均在北直隸地區。我們對這些實例進行一點分析：

首先，從大門、儀門的規模來看，以上縣署均爲三間，比明會典「正門一間」的規模大，僅有一個大門一間的實例是營州中屯衛署，反而比規制小，也比同城的平谷縣署小。

其次，大堂規模爲五間的有4例，三間的達7例。同城衛、州公署可對比的平谷縣和遷安縣，其衛、州大堂規模是一致的，而豐潤縣的衛署大堂爲5間，縣署爲3間。二堂也爲五間和三間者不等。

6.4　所及對應公署

明代北邊有所建置的城市可能爲實土的所城，也可能爲非實土的州城和縣城，其中可能存在的主要公署有正千戶所署、州署、縣署，分別官秩正五品、從五品、正七品。可見以下實例供參照：

古浪所署：大門二楹，二門二楹，旁二角門，正堂四楹，堂下左右房六

楹，二廳六楹左右兩廂房，小院書房四楹，東院房五楹，署止三層，共房三十有二楹。〔註107〕

　　高臺所署：在城內東北隅。大門一座坐西向東；班房六間坐北向南，土地祠三間，儀門一座，東西角門各一，東書吏房七間，西書吏房七間，轎夫房二間，大堂五間，中設暖閣，東西庫房各一間，宅門一座，內宅門一間，二堂五間，東廂房三間，西廂房五間，茶房一間，西側內書房三間，三堂上房五間，東西廂房各三間，門樓一座，三堂東西僕房各二間，東側廚房三間，西側煤炭房一間，廁所一間。〔註108〕

　　環縣署：大堂五間，二堂三間，客廳六間在二堂左右，三堂五間，東書房五間，西書房五間在三堂；內宅二十間；儀門一重，大門一重，宅門一重，庫在大堂；戒石亭在大堂甬道；六房十二間在大堂南東西分列；典史署在縣治西。〔註109〕

圖 6.4.1　清代前期綏德州治圖

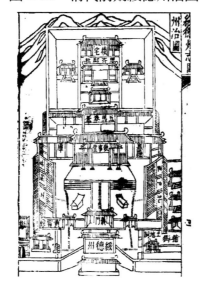

（資料來源：順治《綏德州志》）

〔註107〕乾隆《古浪縣志》卷四，建置志。
〔註108〕民國《新纂高臺縣志》卷三・衙署。
〔註109〕順治《慶陽府志》卷二十・廨署。

圖 6.4.2 清代前期環縣署圖

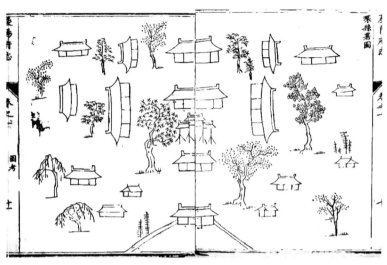

（資料來源：順治《慶陽府志》）

圖 6.4.3 清代中期狄道州（明代臨洮府）公署圖

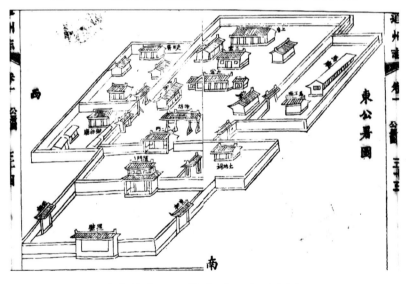

（資料來源：乾隆《狄道州志》）

文縣縣署：縣治在（東）城正中，成化六年建。中為牧愛堂，後為退亭，東為內宅，西為園樓，乃憩息之所，萬曆戊申建堂左為贊政亭，右為庫，東西為六曹，架閣鋪長承發司，甬道為戒石亭。儀門內迤東為典史衙，西為監。儀門外左為土地祠，前即寅賓館，右為預備倉，南為大門，上建譙樓。外坊

門一座。東西承流宣化二坊。〔註110〕

圖 6.4.4　清代前期文縣營衙、縣治圖

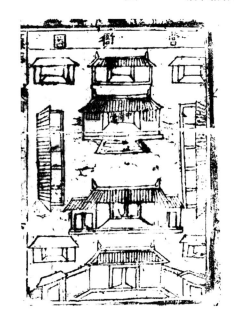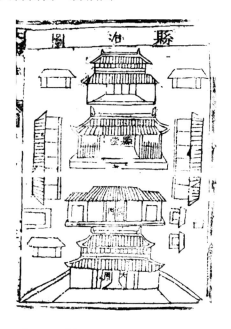

（資料來源：康熙《文縣志》）

　　文縣千戶所署：在守備衙右，弘治年間建，正堂三間。後爲衙舍，東爲幕廳，西爲庫，東西爲六曹，南爲儀門，西爲監，大門上有譙樓。〔註111〕

　　神木縣署：前照壁、東西角門，大門三楹，東內爲土地祠，西內爲監獄。儀門三楹角門二，篏銘坊一所，大堂五間，左爲銀庫，右爲架庫，前卷棚三間，六房辦公所東西各六間，承發房二間，糧房二間，祗候廳二間，宅門川堂三間，二堂五間，左右門房各三間，西南幕房東向三間，南向三間，西客廳三間，內書房三間，西北幕房三間，側房二間，東書房三間，內宅三間，左右廂房各三間，東北小正房三間，後寢房五間，東南廚房三間，茶房一間，東馬號三間，後園牆外園地一塊。〔註112〕

　　懷仁縣署：大門三間，上有譙樓，儀門三間，角門東西各一間，土地神祠二間，迎賓館三間，男獄六間，女獄二間，獄神廟一間，在大門內西，戒

〔註110〕康熙《文縣志》卷二・縣治。
〔註111〕康熙《文縣志》卷二・縣治。
〔註112〕道光《神木縣志》卷三・衙署。

石亭堂之前，有碑，琴堂三間，抱廈三間，……官庫東西各一間，幕廳堂東三間，儀仗庫堂西三間，六房堂前左右各五間，皂隸房丹墀東西各一廈，後廳三間，書房三間，西廚房二間，西耳房三間，園後書房一間，茶房堂後東二間，中廳三間，寢室三間，東西耳房各二間，東西廂房各三間，廁房一間，典史宅門一座，廳房三間，寢室三間，抱廈一間，東西廂房各二間，皂隸房三間〔註113〕

　　渾源州署：洪武七年建，堂五楹署曰牧愛，左爲儀仗庫，右爲幕廳，兩翼爲六曹廊，廊盡左爲承發司，右爲架閣庫，堂前爲月臺，爲甬道爲戒石亭，亭前爲儀門，左右爲角門，寅賓館居東偏圜土居西偏外爲大門，大門前爲宣化坊，左爲旌善亭，右爲申明亭，知州宅在牧愛堂後，有思補堂，判官宅在其右，吏目宅在其左〔註114〕

圖 6.4.5　清代初期渾源州治圖

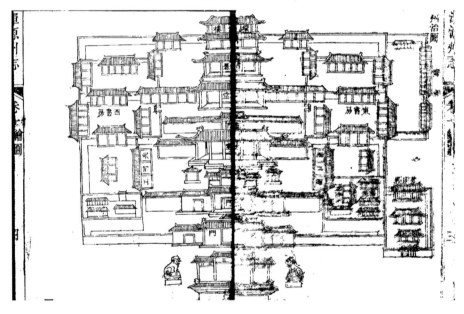

（資料來源：順治《渾源州志》）

〔註113〕萬曆《懷仁縣志》上，公署。
〔註114〕萬曆《渾源州志》卷一・置志第二。

　　保德州署：州治在中街北集賢坊。正堂三間，穿堂三間在正堂後，後堂三間在穿堂後，東西各有耳房，百可軒三間，齋所、書房各一間，在後堂後宅門內；幕廳三間在正堂東；吏舍在兵刑工房之後，東西六房、庫書房、承發司、架閣庫、戒石亭在甬道中；馬房在儀門外；土地祠在儀門東；寅賓館在儀門西；捕廳在庫書房後正廳三間東廚房一座寢室三間在正廳之東。〔註115〕

圖 6.4.6　清初保德州治圖

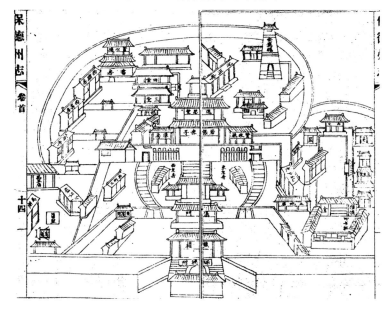

（資料來源：康熙《保德州志》）

　　山陰縣治：在城東南隅，洪武八年建，前爲正門，次爲儀門，右左有角門，中爲甬道。戒亭一座，上爲正廳，廳左庫樓一座，左右廂六房廨舍共十間，廳德爲縣宅，圍以繚牆。典史衙在縣宅西。獄在縣治西六間。〔註116〕

　　隆慶州署：在城中稍西。正廳五間扁曰宣化，前爲月臺，中爲戒石亭。幕廳三間在廳之西，司房十四間東西相向。儀仗庫三間在廳東，預備倉三廒共二十間。儀門三間，三門三間，監房三間。知州公廨在廳之後，正房三間，前廳三間，廂房六間。吏目公廨在幕廳之西，正房三間，前廳三間，廂房六間。吏舍十四間在廳之東，牌樓二座在門左右。〔註117〕

〔註115〕康熙《保德州志》卷一·因革·公署。
〔註116〕崇禎《山陰縣志》卷三·公署。
〔註117〕嘉靖《隆慶州志》卷二·官署。

圖 6.4.7　明代山陰縣治圖

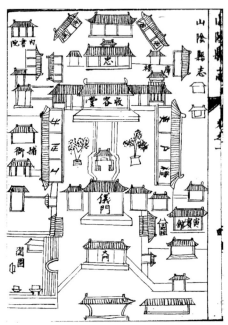

（資料來源：崇禎《山陰縣志》）

圖 6.4.8　明代隆慶州治圖

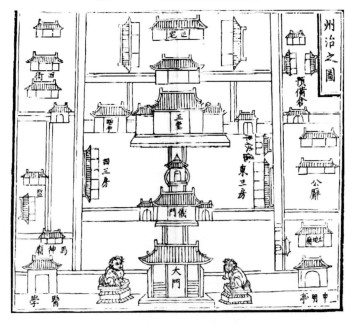

（資料來源：嘉靖《隆慶志》）

　　馬邑縣治：前堂三間，退堂五間，東西六房舊共六間，又增修一十六間，
建正堂抱廈三間，知縣宅在退堂後，典史宅在公廨東，寅賓館三間在儀門外，
東側預備倉之西。〔註118〕

　　守備隆慶州永寧衛後千戶所署：在州治東北隅。正廳三間，廂房三間，
寢房五間，正門二門各一間。〔註119〕

　　梁城千戶所署（清代寧河縣署）：縣署在城內正北，其大門儀門大堂及三
堂舊屬梁城所千總署，泊雍正九年分縣，……大堂凡三間，大堂之後為三堂
凡三間，……三堂前為宅門，其東西廂房凡六間〔註120〕

圖 6.4.9　明代永寧縣治圖

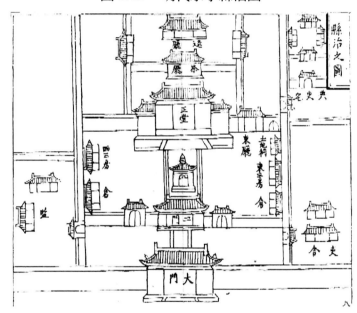

（資料來源：嘉靖《隆慶志》）

　　永寧縣署：在永寧城東北隅。正廳五間，後廳三間，戒石亭一座，司房
六間，幕廳三間在正廳之東，監房三間在儀門之西，儀門三間，外門三間，
儀仗庫三間在幕廳之東，預備倉三間在正廳之西，知縣公廨在正廳之後，典
史公廨在知縣公廨東，吏舍十間在東三房之後，牌樓一座在縣前。〔註121〕

〔註118〕萬曆《馬邑縣志》卷上。
〔註119〕嘉靖《隆慶州志》卷二・官署。
〔註120〕光緒《寧河縣志》。
〔註121〕嘉靖《隆慶州志》卷二・官署。

正堂三間，後堂三間，吏房六間，大門三間，儀門三間，幕廳三間，土地祠三間，寅賓館、縣尹衙，典史衙，宅樓一座，監房三間。〔註122〕

廣昌縣治：司牧堂三楹，鑾駕庫二間，架閣庫三間，左右庫二楹，儀門三楹，角門左右二間，大門三楹，六房左右十二間，寅賓館三楹儀門右，土地祠三楹儀門左，聖諭坊一座儀門內，皂隸房丹墀左右三楹，申明亭大門外西，旌善亭大門外東，贊政堂正堂西，獄一所在右角門西，六房公廨贊政堂西，知縣宅在堂後。」〔註123〕廣昌縣治又有記述：「司牧堂三楹，典史廳三楹，鑾駕庫二間，左右庫二楹，儀門三楹，角門左右三間，大門三楹，六房左右十二楹，聖諭坊一座，寅賓館三楹儀門右，土地祠三楹儀門左，獄儀門內右，申明亭大門外西，旌善亭大門外東，六房公廨贊政堂西，贊政堂三楹正堂西，知縣宅堂後。〔註124〕

圖6.4.10 明代廣昌縣治圖

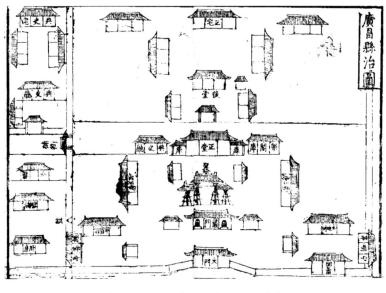

（資料來源：崇禎《廣昌縣志》）

廣昌守禦千戶所：堂三楹，神機庫大門外西，儀門三楹，角門左右二間，大門三楹，掾房左右六間，守備宅在堂後，鎮撫廳一所。〔註125〕

〔註122〕萬曆《永寧縣志》卷二。
〔註123〕康熙《廣昌縣志》卷二。
〔註124〕崇禎《廣昌縣志》卷上。
〔註125〕崇禎《廣昌縣志》卷上。

表 6.4.1　明代北邊千戶所建置城市主要公署中軸線院落建築情況

城　市	對應衛／所城市	所在衛／所隸屬	大門（前門、三門、外門）	儀門	大堂（正堂、正廳、前廳）	東西廂房（六房、司房、掾房）	二堂（穿廳、中廳、後廳）	三堂（公廨）
梁城千戶所署〔註126〕	梁城所城	後軍都督府直隸	未詳	未詳	三間	未詳	未詳	三間
廣昌縣署〔註127〕	廣昌縣城	萬全都司	三間	三間	三間	各六間	未詳	
廣昌千戶所署〔註128〕	廣昌縣城	萬全都司	三間	三間	三間	各三間	未詳	
隆慶州署〔註129〕	隆慶州城	萬全都司	三間	三間	五間	各七間		
永寧後千戶所署〔註130〕	隆慶州城	萬全都司	一間	一間	三間	三間		
永寧縣署〔註131〕	永寧縣城	萬全都司	三間	三間	三間	各三間	三間	
山陰縣署〔註132〕	山陰縣城	山西行都司	未詳	未詳	未詳	各五間	未詳	
馬邑縣署〔註133〕	馬邑縣城	山西行都司	未詳	未詳	三間	各三間	五間	
懷仁縣署〔註134〕	懷仁縣城	山西行都司	三間	三間	三間（抱廈三間）	各五間	三間	三間
渾源州署〔註135〕	渾源州城	山西行都司	三間	未詳	五間	未詳	三間	

〔註126〕光緒《寧河縣志》。
〔註127〕崇禎《廣昌縣志》卷上。
〔註128〕崇禎《廣昌縣志》卷上。
〔註129〕嘉靖《隆慶州志》卷二・官署。
〔註130〕嘉靖《隆慶州志》卷二・官署。
〔註131〕萬曆《永寧縣志》卷二。
〔註132〕崇禎《山陰縣志》卷三・公署。
〔註133〕萬曆《馬邑縣志》卷上。
〔註134〕萬曆《懷仁縣志》上，公署。
〔註135〕萬曆《渾源州志》卷一・置志第二。

保德州署〔註136〕	保德州城	山西都司	未詳	未詳	三間	未詳	三間	三間
神木縣署〔註137〕	神木縣城	陝西都司	三間	三間	五間(卷棚三間)	各六間	五間	
文縣縣署〔註138〕	文縣城	陝西都司	未詳	未詳	未詳	未詳	未詳	
文縣千戶所署〔註139〕	文縣城	陝西都司	未詳	未詳	三間	未詳		
環縣縣署〔註140〕	環縣城	陝西都司	未詳	未詳	五間	各六間	三間	五間
古浪所署〔註141〕	古浪所城	陝西行都司	二間	二間	四間	各三間	六間	——
高臺所署〔註142〕	高臺所城	陝西行都司	未詳	未詳	五間	各一間	五間	五間

分析上述明代北邊千戶所建置城市主要公署中軸線建築實例可知：

第一，大門和儀門規模一般都是三間，僅見永寧後千戶所署均爲一間，又僅有古浪所署均爲二間，偶數間是爲一特例。此外，古浪所署的大堂、二堂建築規模分別爲四間、六間，均爲偶數間，中軸線上的主要建築多爲偶數間，也較爲特殊。

第二，大堂的規模爲五間者有6例，其餘均爲三間，有10例。其中神木縣、環縣署大堂均達到五間，已明顯超過了正七品主官公署在《明會典》中的規定規模，這有可能是受到同城軍政主官正千戶品秩較高的影響，亦未可知。二堂的規模也是各有三間和五間兩種情況。

第三，大堂的東西廂房各爲三、五、六間者不等，最多者爲有永寧後千戶所建置的隆慶州署，各七間，這與其民政事務較多應有關係。

〔註136〕康熙《保德州志》卷一・因革・公署。
〔註137〕道光《神木縣志》卷三・衙署。
〔註138〕康熙《文縣志》卷二・縣治。
〔註139〕康熙《文縣志》卷二・縣治。
〔註140〕順治《慶陽府志》卷二十・廨署。
〔註141〕乾隆《古浪縣志》卷四，建置志。
〔註142〕民國《新纂高臺縣志》卷三・衙署。

圖 6.4.11　明代北邊衛所城市衛及對應縣公署中軸線主要建築常見規模

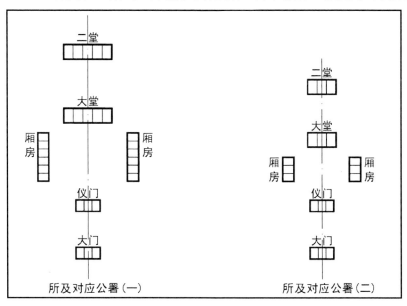

（資料來源：自繪）

6.5　小　結

　　衛、所及其對應的府、州、縣行政主官公署是北邊衛所城市中的重要建築類型之一，因其形制和功能的重要性較為典型。儘管官方僅有部分未成系統的規制，但在實際運行中逐漸累積，形成了一套具備共同特點的規模特徵，如基本制式為署邸合一，前堂後寢，院落沿南北向軸線布置等。

　　通過對北邊衛所城市主官公署實例的研究，分別比較衛及其對應的府、州、縣行政主官公署主要建築規模，進一步印證了上述制式特點。並指出以下特點：

　　（1）有關主官公署的選址當是在城市既定街坊格局中因地制宜建置。

　　（2）所有品秩的主官公署基本維持了統一的院落布局模式，各級公署主要門、堂的規模開間主要由其品秩確定，可隨宜從簡。

　　（3）在具體院落序列組織上，根據治事職能強弱或者地方建設條件等因素，通過對中軸線主要建築大堂、二堂等以及東西廂房的間數配置來適應主要院落功能需求的規模，並存在一定的靈活性。

　　（4）衛、所與同城府、州、縣主官公署的主要建築規模，在實際營建中當有相互參照，亦存在存在州、縣公署參照其同城的衛、所主官品秩提高建設規模的趨勢。

第7章　主要壇壝

　　壇壝是明代城市的重要建築設施和空間類型之一，而且壇壝建設受到明代制度規範的較大影響。本章依託有關明代北邊衛所城市的地方志和歷史文獻材料，對當時普遍存在且較多明確記載的社稷壇、風雲雷雨（山川）壇、厲壇這三種主要壇壝的實例重點加以關注，從壇制、周垣（圍）規模和附屬建築等角度，考察其中的壇壝形制和平面尺度。

7.1　基本規制情況

　　明太祖定鼎天下之初曾傾注巨大心力重建了國家祭祀和禮儀制度，還廣徵宿儒，與禮官重臣共同探討歷代國家禮儀和祀典沿革，以酌定整個國家的壇廟制度，如社稷、先農、太歲、風雲雷雨、嶽瀆、山川、厲壇等。

> 　　洪武六年三月申辰，禮官上所定禮儀。帝謂尚書牛諒曰：「元世廢棄禮教，因循百年，中國之禮，變易幾盡。朕即位以來，夙夜不忘，思有以振舉之，以洗污染之習。常命爾禮部定著禮儀。今雖已成，宜更與諸儒參詳考議，斟酌先王之典，務合人情，永爲定式。
>
> 〔註1〕

　　明代的祭祀制度是非常複雜的政治文化體系的縮影，精心設定的國家祀典容納了多種門類的神主，「明朝國家規定的祭祀對象是一個自然、祖先、先師、歷代名王，英雄豪傑、大學問家、道德典範、有功於國家社稷或者地方社會者、個別民間信仰神、無家野鬼合成的群體。這些眞實或者虛幻的對象混合而成的群體構成了一個象徵性的權威和價值世界。」〔註2〕其中的有

〔註1〕欽定四庫全書，史部，職官類，官制之屬，禮部志稿，卷一。
〔註2〕趙軼峰，明代的變遷，上海：上海三聯書店，2008：導言。

關規制是經由地方各級在任官員對「祭祀」的關注，由上至下擴展到百姓當中，「國之大事、所以爲民祈福。各府州縣、每歲春祈秋報、二次祭祀、有社稷、山川、風雲、雷雨、城隍諸祠。及境內舊有功德於民、應在祀典之神。郡厲、邑厲等壇。到任之初、必首先報知祭祀諸神日期、壇場幾所、坐落地方，周圍壇垣、祭器什物，見在有無完缺。如遇損壞、隨即修理。務在常川潔淨、依時致祭、以盡事神之誠。」〔註3〕

7.1.1 社稷壇

社稷壇的本意是祭祀土穀之神的場所，到後來，社稷在人們心目中演變成爲國家的象徵，並且成爲了土地祭祀的核心，建國者必建立相應規制的社稷壇承祀，同時，這也反映了中國古代農業社會的特點。實際上，社稷壇祭祀是中國古代最爲傳統和廣泛開展的祭祀內容之一，「天下通祀唯社稷與夫子，社稷壇而不屋」〔註4〕，也就是說，社稷壇一直以來都是以祭壇爲主要祭祀空間，而非建爲堂室。而且社稷壇祭祀不晚於宋代便已明確成爲舉國統一貫徹的重要國家禮制之一，甚至大學問家朱熹也曾爲相關壇壝制度的確立作出過重要貢獻，「准行下州縣社稷、風雨、雷師壇壝制度，熹按其文有制度而無方位，尋考周禮左祖右社，則社稷壇合在城西，而唐開元禮祀風師於城東，祀雨師於城南〔註5〕」

明初定社稷祭祀爲中祀，社、稷異壇同壝，即社壇與稷壇分設在同一壝牆之內，例如在國都南京，「明太祖洪武元年建社稷壇於宮城西南，太社在東，太稷在西，壇皆北向，壇高五尺，闊五丈，四出陛五級，二壇同一壝。」〔註6〕而且社、稷異壇，東社西稷的模式在宋代已經得到明確〔註7〕，明初應是沿宋制。明太祖在洪武元年十二月還曾統一頒定了天下社稷壇的規制。

〔註3〕《明會典》卷九·祀神。

〔註4〕四部叢刊／初編／集部／樊川文集／卷第六（唐杜牧撰，景江南圖書館藏明翻宋刊本）。

〔註5〕四部叢刊／初編／集部／晦庵先生朱文公文集／卷第二十（宋朱熹撰，景上海涵芬樓藏明刊本）。

〔註6〕欽定四庫全書，史部，政書類，通制之屬，欽定續通典，卷五十。

〔註7〕「徽宗政和三年議禮局上五禮新儀，太社壇廣五丈，高五尺，四出陛，五色土爲之。太稷壇在西，如社壇之制。」見史部，政書類，通制之屬，文獻通考，卷八十二。

己丑頒社稷壇制於天下，郡邑壇俱設於城西北，右社左稷，壇
各方二丈五尺，高三尺。四出陛三級，社以石爲主，其形如鐘，長
二尺五寸，方一尺一寸。剡其上，培其下之半在壇之南，方壇周圍
築牆，四面各二十五步。〔註8〕

這與《明集禮》中所記述的郡縣社稷壇制也基本一致。

國朝郡縣祭社稷，有司俱於本城土西北設壇致祭，壇高三尺，
四出陛三級，方二尺五寸（按：據後文推測可能是誤爲二丈五尺）；
從東至西二丈五尺，從南至北二丈五尺，右社左稷，社以石爲主，
其形如鐘長二尺五寸，方一尺一寸，剡其上培其下，半在壇之南方，
壇外築牆周圍一百步，四面各二十五步〔註9〕

明太祖後來又將社稷祭祀升爲大祀，而且將社、稷改爲同壇同壝。

府、州、縣社稷，洪武元年頒壇制於天下，郡邑俱設於本城西
北，右社左稷，十一年定同壇合祭。〔註10〕

在上述規制中，我們可以發現，在明代雖然有社稷從異壇分祭到同壇合
祭的變化，但社稷壇都明確是位於城的西北，與前述宋代布置在城西略有差
異（抑或是更爲具體化），其實並無本質變化。而具體壇制則應是基本恢復或
承襲了宋代制度：「宋制州縣社壇方二丈五尺，高三尺，四出陛；稷壇如社壇
之制，社以石爲主，其形如鐘，長二尺五寸，方一尺，剡其上，培其下半。
四門同，一壇二十五步。」〔註11〕兩相比較有明顯的前後承繼關係，明代社
稷壇規制中的壇制細節更爲詳盡，其主要形態和尺度甚至可追溯自唐代。在
宋代（甚至唐代）社稷壇中，除了神主的位置有朝向或不設在壇中心以外，
壇制本身並沒有特別強調方向性〔註12〕，而明代的社稷壇則明確規定爲北向
（大門朝北）。

〔註8〕《明太祖實錄》卷之三十七洪武元年十二月丁卯朔。
〔註9〕欽定四庫全書，史部，政書類，儀制之屬，明集禮，卷十。
〔註10〕欽定四庫全書，經部，禮類，通禮之屬，五禮通考，卷四十五。
〔註11〕欽定四庫全書，史部，政書類，儀制之屬，明集禮，卷十。
〔註12〕「蓋神位坐南向北，而祭器設於神位之北，故此石主當壇上南陛之上更宜，
　　　詳考畫作圖，子便可見，若在壇中央，即無設祭處矣。」見欽定四庫全書，
　　　集部，別集類，南宋建炎至德祐，晦庵集，卷六十八。

圖 7.1.1　明代大同府城在代王府內的王國社稷壇圖

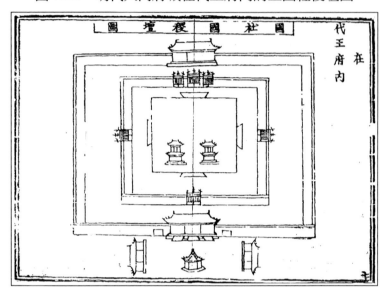

（資料來源：正德《大同府志》）

　　丙申命中書省定王國宗廟及社稷壇壝之制，禮部尚書陶凱等議
於，於王國宮垣內，左立宗廟，右爲社稷，廟爲殿五間，東西爲側
階，後爲寢殿五間，前爲門三間，社稷之制，古者王爵不以封止有
諸侯社稷之制，漢皇子始封爲王，得受茅土而社稷之制無聞其他，
封公侯者無茅土而社以木，後世因之，以州、縣比古諸侯，故其制
皆方二丈五尺。唐制州、縣社稷壇方二丈五尺，高三尺五寸，四出
陛三等，門北、東、西三面各一爲屋，各三間，每門二十四戟，其
南無屋。宋制州縣社稷壇，率如唐制，而高不及者五寸，其社主用
石如鐘形，長二尺五寸，方一尺，剡其上，培其下半，今定親王社
稷壇方三丈五尺，高三尺五寸，四出陛，兩壇相去亦三丈五尺，壝
四圍廣二十丈，壇居壝內，稍南居三分之一，壝牆高五尺，各置靈
星門，外垣北、東、西門置屋，列十二戟，南門無屋，社主用石長
二尺五寸，闊一尺五寸，剡其上埋其半。已上丈尺並用營造尺，上
不同於太社，下有異於州縣之制，從之。〔註13〕

明代社稷壇的等級規模關係，從國家級（太社稷壇）至藩王（王國社稷

壇）、府州縣（同）分爲三級，壇制尺度設定均比照太社稷成比例減小，其中平面尺度比例爲 10：7：5，具體方廣分別爲 5 丈、3.5 丈、2.5 丈。

圖 7.1.2　明代太社稷祭祀圖

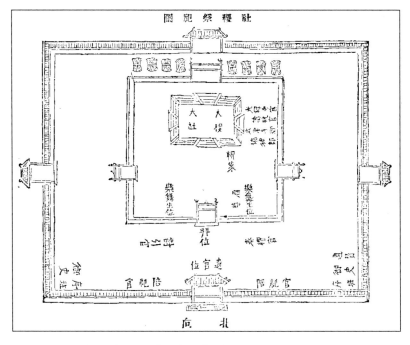

（資料來源：《明會典》卷八十五）上南下北

　　癸丑……社稷壇成……社、稷壇在宮城之西南，皆北向。社東稷西，各廣五丈，高五尺，四出陛，每陛五級，壇用五色土，色各隨其方，上以黃土覆之，壇相去五丈，壇南各栽松樹二，壇同一壝，壝方廣三十丈，高五尺，甃以磚，四方有門，各廣一丈，東飾以青，西飾以白，南飾以赤，北飾以黑，瘞坎在稷壇西南，用磚砌之，廣深各四尺，周圍築牆開四門，南爲靈星門三，北戟門五，東西戟門各三，東西北門皆列二十四戟，神廚三間在牆外西北方，宰牲池在神廚西，社主用石高五尺，闊二尺，上微銳，立於壇上，半在土中，近南，北向，稷不用主。〔註14〕

　　洪武十年，改壇午門右，社稷共一壇，爲二成。上成廣五丈，下成廣五丈三尺，崇五尺。外壇崇五尺，四面各十九丈有奇。外垣

―――――――――――――――――――
〔註14〕《明太祖實錄》卷之二十四，吳元年六月丙午朔。

東西六十六丈有奇，南北八十六丈有奇。垣北三門，門外爲祭殿，
其北爲拜殿。外復爲三門，垣東、西、南門各一。永樂中，建壇北
京，如其制。帝社稷壇在西苑，壇址高六寸，方廣二丈五尺，甃細
磚，實以淨土。壇北樹二坊，曰社街。王國社稷壇，高、廣殺太社
稷十之三。府、州、縣社稷壇，廣殺十之五，高殺十之四，陛三級。
後皆定同壇合祭，如京師。」〔註15〕

図 7.1.3　明代社稷壇規制比較示意

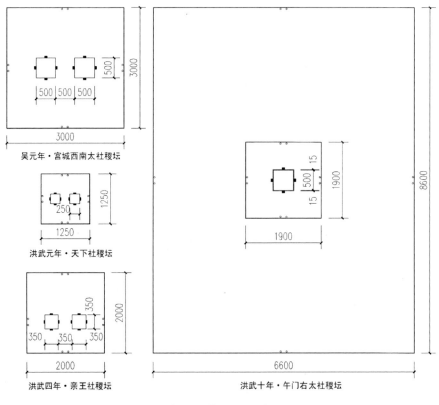

吳元年・宮城西南太社稷壇

洪武元年・天下社稷壇

洪武四年・親王社稷壇

洪武十年・午門右太社稷壇

（尺寸單位：寸）

7.1.2　風雲雷雨（山川）壇

　　明初定太歲風雲雷雨之祀爲中祀，同時，明太祖親自根據壇祀諸神情
況，並參考前代的制式，下令將風雲雷雨合祀一壇，「洪武二年，以太歲風
雲雷雨及嶽鎮海瀆山川城隍諸神止合祀於城南，諸神享祀之所未有壇壝等，

祀非隆敬神祇之道，命禮官考古制以聞。」〔註16〕並規定了風雲雷雨（山川）
壇的基本形制，「遂定以驚蟄秋分日祀太歲諸神，以清明霜降日祀嶽瀆諸神，
壇據高阜，南向，四面垣圍，壇高二尺五寸，方闊二丈五尺，四出陛，南向
陛五級，東西北向陛三級，祀天神則太歲風雲雷雨五位並南向。」〔註17〕又
命天下共祀並規定了壇制，在一般的府、州、縣常常將風雲雷雨（山川）壇
的規制參照社稷壇建置。在北邊衛所城市等地方，多見將山川甚至城隍一同
合祭，例如永平府的風雲雷雨山川城隍壇，就是「風雲雷雨中，山川左，城
隍右，……壇則定於南郊，是謂神祇之壇而尊於神祇也。〔註18〕」也正因如
此，風雲雷雨山川壇多俗稱為「神祇壇」、「南壇」（實例中，稱「風雨雷雨
山川」壇者居多）。除所祭祀神主有異外，同一地方的風雲雷雨山川壇，其
大部分壇制細節多與社稷壇相同。

圖 7.1.4　明代大同府風雲雷雨山川壇（在代王府內）圖

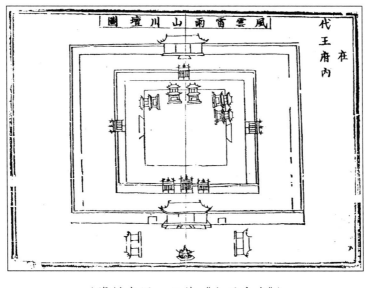

（資料來源：正德《大同府志》）

値得我們注意的是，以上規制中的風雲雷雨山川壇也具有方向性——南
向，正與社稷壇相反，並且為了突出這個方向性，規制中還將風雲雷雨山川
壇的南向出陛設為 5 級，以與北、東、西向出陛 3 級區別。

〔註16〕欽定四庫全書，子部，雜家類，雜說之屬，春明夢餘錄，卷十五。
〔註17〕《明太祖實錄》卷之三十八，洪武二年春正月丙申朔。
〔註18〕康熙《永平府志》卷六・祀典。

7.1.3　厲　壇

　　明代對郡縣等厲壇並無統一的規制明文頒佈，故其建造情況不一，但是由於其在北邊衛所城市「祭無祀鬼神」的功能極為重要，因此，不少城市是將厲壇參照社稷壇或風雲雷雨山川壇建設，較為常見的情況是參照簡化或另制，多數在規模上是略小的。另外，厲壇祭祀時多請城隍之神主成祀。

圖 7.1.5　明代大同府厲壇圖

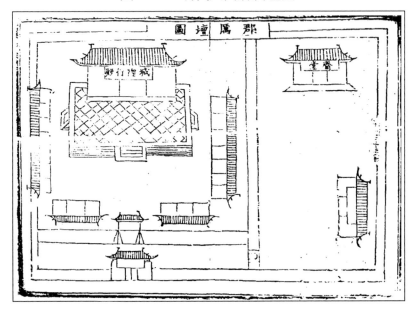

（資料來源：正德《大同府志》）

　　總體來看，經過數十年的制度建設，至明太祖朱元璋晚年，社稷壇、風雲雷雨山川壇、厲壇等城市主要壇墠規制被明令確立下來，「洪武二十六年著令，天下府州縣合祭風雲雷雨山川、社稷、城隍、孔子及無祀鬼神等，有司務要每歲依期致祭。其壇墠廟宇制度、牲醴祭器體式、具載洪武禮制。」〔註19〕有關的祭祀制度也得以在北邊衛所城市通行。

　　關於明代北邊設衛所城市的壇墠實際建置，即所謂「邊衛設壇」，基本上是兩種情況。第一，非實土衛所城市，由於基本上都是設置衛、所於既有的府、州、縣城市，其壇墠一般是按照天下府、州、縣的通行規制建設的；第二，實土衛所城市，即在要地建置衛、所治而新建的城市，其壇墠很多都是

〔註19〕《明會典》卷九十四·群祀，有司祀典下。

跟隨城市逐步建立完善起來的。例如在宣府鎮有這樣的記載：

> 宣德三年四月，總兵官都督譚廣奏：天下郡縣設風雲雷雨山
> 川、社稷壇，春秋祭祀爲民祈福，宣府久置軍衛，請如郡縣立壇致
> 祭。行在禮部言：宣府邊衛似難比例。上曰：奉祀神明爲人祈福，
> 軍衛獨非吾民乎？其准所言，令於農隙之時爲之。〔註20〕

明代北邊的實土衛所城市的很多壇壝都是經歷了從無到有的過程，並且相當一部分可能是比照府、州、縣規制建設的，但是往往又受到所在城市規模和經濟水平等限制，其實際建設情況也多有差別。

一些相關文獻顯示，有衛、所建置的城市才會設置完備規模的並參照府、州、縣規制的壇壝系統。例如宣府鎮西路，元屬興和路，明初並各郡縣皆廢，置萬全左右二衛、懷安衛，隸萬全都司，其餘城堡設鎮守，參將統之。〔註21〕在此三衛的建置城市之外，這個地區還有柴溝堡、洗馬林堡、西陽河堡、張家口堡等多個重要城堡（軍事城市）的駐軍員額先後達到衛、所規模，甚至柴溝堡自成化年間以後長期駐紮分守西路參將，總轄全地區的軍兵，但是，由於均非衛所城市，這些軍事城市的壇壝形制普遍較低而且不夠完善，「社稷壇、風雲雷雨山川城隍壇、厲壇惟左、右、懷安三衛建，其餘城堡止有鄉厲。」〔註22〕

7.2　壇制規模

述及明代北邊衛所城市情況的明清地方志材料中，對明代（或清代沿襲明代）所建壇壝多有提及，但關於壇壝規模形態的記載詳盡不一，較爲詳細的可見如下實例所述：

遵化縣城：社稷壇：在州西北二里。中爲壇，北向，東西二丈五尺，南北如之，高三尺，四出陛各三級，繚以短垣，樹以門，齋房、牲所畢具；風雲雷雨壇：在州南二里，壇制子午，高二尺五寸，方闊二丈五尺，周圍共一十丈，四出陛，午五級，子卯酉各三級；郡厲壇：在郡北一里。壇制高二尺五寸，闊二丈五尺，南出陛三級，南向立門，額方以牆。〔註23〕

〔註20〕欽定四庫全書，史部，職官類，官制之屬，禮部志稿，卷八十四。

〔註21〕康熙《宣鎮西路志》卷一·沿革。

〔註22〕康熙《宣鎮西路志》卷二。

〔註23〕乾隆《蔚縣志》卷十一·壇壝。

　　遷安縣城：社稷壇：在城外西北隅。制壇而不屋，四圍共二丈五尺，高三尺，三出陛各三級，北向，繚以周垣；風雲雷雨山川壇：在縣南關外。壇制崇二尺五寸，廣二丈五尺，四圍各一十五丈，四出陛惟午陛五級，子卯酉皆三級，東南為燎所，出入以南門；郡屬壇：在縣北關外，壇制四圍五丈五尺，崇二尺五寸，前出陛三級，繚以周垣南為門。〔註24〕

　　慶陽府城：風雲雷雨山川壇，在府城關南，壇高三尺，陛四出各三級；社稷壇，壇在府北關西，壇高三尺，陛四出各三級；〔註25〕

　　另外，根據現已掌握的文獻材料，全面提取壇壝壇制規模記載如下：

表 7.2.1　明代北邊衛所城市的壇壝壇制規模比較

城　市	衛／所	衛／所隸屬	壇　壝	壇平面尺度	壇高	南出陛	北出陛	東西出陛
洪武元年頒〔註26〕	——	——	社稷壇	2.5×2.5 丈	3 尺	3 級	3 級	3 級
洪武二年頒〔註27〕	——	——	風雲雷雨壇	2.5×2.5 丈	2.5 尺	5 級	3 級	3 級
遵化縣城〔註28〕	東勝右衛	後軍都督府直隸	社稷壇	2.5×2.5 丈	3 尺	3 級	3 級	3 級
			風雲雷雨壇	2.5×2.5 丈	2.5 尺	5 級	3 級	3 級
			郡厲壇	2.5×2.5 丈	2.5 尺	3 級	無	無
易州城〔註29〕	茂山衛	大寧都司	社稷壇	2.5×2.5 丈	3.4 尺	3 級	3 級	3 級
			風雲雷雨山川壇	2.5×2.5 丈	3.4 尺	3 級	3 級	3 級
			州厲壇	2.5×2.5 丈	3.4 尺	3 級	3 級	3 級
遷安縣城〔註30〕	興州右屯衛	後軍都督府直隸	社稷壇	四圍共 2.5 丈	3 尺	無	3 級	3 級

〔註24〕同治《遷安縣志》卷十一・壇廟。
〔註25〕順治《慶陽府志》卷十九・壇壝。
〔註26〕《明太祖實錄》卷之三十七洪武元年十二月丁卯朔。
〔註27〕《明太祖實錄》卷之三十八，洪武二年春正月丙申朔。
〔註28〕康熙《遵化州志》卷三・壇壝。
〔註29〕弘治《易州志》卷三・神祀。
〔註30〕同治《遷安縣志》卷十一・壇廟。

			風雲雷雨山川壇	廣 2.5 丈	2.5 尺	5 級	3 級	3 級
			郡厲壇	四圍 5.5 丈	2.5 尺	3 級	無	無
宣府鎮城〔註31〕	宣府左、右、前衛	萬全都司	社稷壇	2.5×2.5 丈	3 尺	3 級	3 級	3 級
萬全右衛城〔註32〕	萬全右衛	萬全都司	社稷壇	2×1 丈	2.5 尺	3 級	3 級	3 級
			風雲雷雨山川壇	2×1 丈	2.5 尺	3 級	3 級	3 級
延慶州城〔註33〕	永寧衛後千戶所	萬全都司	社稷壇	2.5×2.5 丈	3 尺	3 級	3 級	3 級
			風雲雷雨山川壇	2.5×2.5 丈	3 尺	3 級	3 級	3 級
應州城〔註34〕	安東中屯衛	山西行都司	社稷壇	周 1.8 丈	5 尺	未詳	未詳	未詳
			風雲雷雨山川壇	周 3 丈	5 尺	未詳	未詳	未詳
慶陽府城〔註35〕	慶陽衛	陝西都司	社稷壇	未詳	3 尺	3 級	3 級	3 級
			風雲雷雨山川壇	未詳	3 尺	3 級	3 級	3 級
環縣城〔註36〕	環縣千戶所	陝西都司	社稷壇	1.25×1.25 丈	3 尺	3 級	3 級	3 級
			風雲雷雨山川壇	2.5×2.5 丈	3 尺	3 級	3 級	3 級
岷州衛城〔註37〕	岷州衛	陝西都司	社稷壇	2.5×2.5 丈	未詳	3 級	3 級	3 級
			風雲雷雨山川壇	2.5×2.5 丈	未詳	3 級	3 級	3 級

〔註31〕嘉靖《宣府鎮志》卷十七，祠祀考。
〔註32〕乾隆《萬全縣志》卷二・壇祠。
〔註33〕嘉靖《隆慶志》卷八。
〔註34〕萬曆《應州志》卷二・壇壝。
〔註35〕順治《慶陽府志》卷十九・壇壝。
〔註36〕順治《慶陽府志》卷十九・壇壝。
〔註37〕康熙《岷州志》卷四・壇壝。

靖虜衛城〔註38〕	靖虜衛	陝西都司	風雲雷雨壇	2.25×2.25丈	3尺	未詳	未詳	未詳
河州衛城〔註39〕	河州衛	陝西都司	郡厲壇	2×2丈	3尺	未詳	未詳	未詳

7.2.1 壇平面尺寸

　　由表中明代北邊衛所城市壇墠實例可知，規制的 2.5×2.5 丈見方是最普遍採用的壇平面尺寸。而大多數的情況是比規制尺寸小一些，其中，實土衛所城市有萬全右衛城（社稷壇和風雲雷雨山川壇）、靖虜衛城（風雲雷雨壇）、河州衛城（郡厲壇）非實土衛所城市有應州城（社稷壇和風雲雷雨山川壇）、環縣城（社稷壇）和遷安縣城（社稷壇和郡厲壇）。較小的原因很可能是地方做法或受到當地經濟條件限制。

　　再參考明代最低一級的「鄉社」的情況，「凡城郭坊廂以及鄉村，每百家立一社，築土為壇，樹以土所宜木，……壇制宜量地廣狹，務在方正，廣則一丈二尺，狹則六尺，法地數也，高不過三尺，陛各三級，壇前闊不過六丈，或仿州縣社稷壇，當北向，繚以周垣，四門紅油，由北門入，若地狹則隨宜，止為一門木柵，常扃鑰之。」〔註40〕可見，不少北邊衛所城市的社稷壇規模更接近這樣的鄉社，當然，此類鄉社規制，也很可能是從府、州、縣壇墠簡化而來的。

7.2.2 壇 高

　　按照洪武初年的頒制，社稷壇和風雲雷雨壇的壇高分別為 3 尺和 2.5 尺，實例中，大部分北邊衛所城市有關壇墠（包括厲壇）建設都遵循了這樣的壇高差異，如遵化縣城、遷安縣城、宣府鎮城等。亦有各壇墠統一建為一種高度的情況，如延慶州城、慶陽府城、環縣城等統一為 3 尺高，而萬全右衛城將其統一為 2.5 尺高。甚至還有一些地方，如易州城和應州城，壇高分別統一採用了更高的 3.4 尺和 5 尺，目前尚不能確知原因，推測很可能是地方做法。

〔註38〕康熙《重修靖遠衛志》卷二·祀典。
〔註39〕嘉靖《河州志》卷二·典禮志·祠祀。
〔註40〕欽定四庫全書，經部，禮類，雜禮書之屬，泰泉鄉禮，卷五。

7.2.3　出　陛

　　洪武初年的頒制也分別給社稷壇和風雲雷雨壇設定了兩種出陛樣式，其差別之處在於風雲雷雨壇是通過南向 5 級出陛強調其與社稷壇的方向差異（考慮儀式出入等），如遵化縣城和遷安縣城的風雲雷雨山川壇就完全遵照此制，而且這兩個城市的屬壇又都是僅設置了南向 3 級出陛，也反映了對壇制方向性的明確。此外，北邊衛所城市壇壝實例中的大多數均一致採取了 3 級出陛。又由於社稷壇均爲北向，遷安縣城的社稷壇實際則將南向的出陛完全都省卻了。

7.3　周圍（垣）規模

7.3.1　規制規模擴大

　　我們注意到，幾乎所有的北邊衛所城市的社稷壇記載都提到有「周垣」，即四周圍牆邊界的描述，而一些地方志的有關記載只提到壇壝「周」或「周圍」的尺度，按照一般壇壝空間以圍牆界定的方式，我們基本可以認爲其「周圍」尺度即是周垣尺度。例如，洪武元年頒定的天下社稷壇規制中就包括壇外周圍築牆共一百步（筆者按：2 步爲 1 丈，合 50 丈）的表述，「方壇周圍築牆，四面各二十五步（合 12.5 丈）」〔註41〕。而《明會典》和《明史》作爲後出的文獻，其中關於府、州、縣社稷壇相關規制的記述則有所變化，且這二者的說法完全一致，較洪武元年頒制變大。

　　　　社稷（府、州、縣同）壇制：東西二丈五尺，南北二丈五尺，
　　高三尺（俱用營造尺）；四出陛各三級，壇下前十二丈或九丈五尺，
　　東、西、南各五丈，繚以周牆；四門紅油，北門入〔註42〕〔註43〕

〔註41〕《明太祖實錄》卷之三十七洪武元年十二月丁卯朔。
〔註42〕《明史》卷四十七，志第二十三，禮一（吉禮一）。
〔註43〕《明會典》卷九十四・群祀，有司祀典下。

表 7.3.1　明代社稷壇規制周圍（垣）規模比較

城　　市	範圍	壇壝	壇周圍（垣）平面尺度
洪武四年親王社稷壇〔註44〕	親王	社稷壇	20×20 丈
洪武元年頒天下〔註45〕	地方	社稷壇	12.5×12.5 丈
《明會典》《明史》載社稷壇〔註46〕	地方	社稷壇	12.5×17（或 19.5）丈

這表明，在洪武定制以後，社稷壇及相關壇壝的實際建設，其周圍（垣）規模按照祭祀制度完善的需要而有所擴大，而大多數北邊衛所城市的實例是將方廣 12.5×12.5 丈（東西×南北）擴展到《明會典》所載的兩種規制之一，平面尺度或爲 12.5×17 丈，或爲 12.5×19.5 丈。這種前後變化也強調了對社稷壇儀式空間方向性的關注，尤其南北向略長的平面形態反映了對北門以內儀式空間的需求，實例可見保定府城、延慶州城、宣府鎮城、易州城、岷州衛城等有關的壇壝。

圖 7.3.1　壇壝周圍（垣）規模可能基於洪武元年規制擴大的實例示意

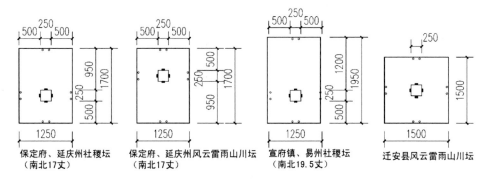

（尺寸單位：寸）

保定府城（南北 17 丈）：（社稷壇）國朝酌古準今並爲一壇，以太社五丈而各殺其半，東西二丈五尺，南北如之，高三尺，四出陛各三級，壇下前九丈五尺，東、西、南、北各五丈，以垣繚之，立四紅油門，由北門入，石主長二尺五寸方一尺，埋於壇上正中；（風雲雷雨山川壇）國朝洪武八年定制爲

〔註44〕《明太祖實錄》卷之六十，洪武四年春正月乙酉朔。
〔註45〕《明太祖實錄》卷之三十七洪武元年十二月丁卯朔。
〔註46〕《明會典》卷九十四·群祀，有司祀典下。

一壇，南向，廣袤石主與社稷壇同。〔註47〕

延慶（隆慶）州（南北 17 丈）：社稷壇：州城西，東西二丈五尺，南北如之，高三尺，四出陛，各三級，壇下前九丈五尺，東西南各五丈，繚以周垣，立門北向；風雲雷雨山川壇：在州城南一里，其制與社稷同，南向由南門入。〔註58〕

宣府鎮城（南北 19.5 丈）：洪武二十七年立本鎮社稷壇，谷王命所司建，宣德初重修。壇制東西二丈五尺，南北二丈五尺，高三尺，四出陛各三級，壇下前十二丈，東、西、南各五丈，繚以周垣，四門紅油，北門入。神廚、神庫、宰牲房各三間。」〔註49〕

在我們所見的明代北邊衛所城市壇壝實例中，周圍（垣）規模尚未發現與洪武元年頒制中平面尺度 12.5×12.5 丈一致的，僅見遷安縣城風雲雷雨山川壇的方廣為 15×15 丈，有可能與此頒制有關。

圖 7.3.2　岷州衛的社稷壇、風雲雷雨山川壇

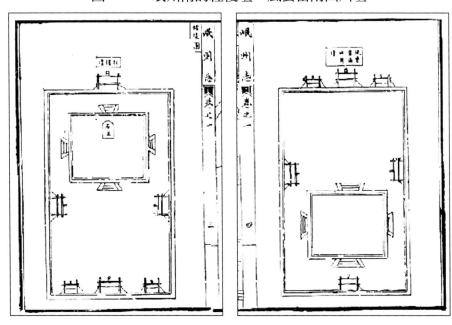

（資料來源：康熙《岷州志》）

〔註47〕弘治《重修保定志》卷十九·壇壝。

〔註58〕嘉靖《隆慶志》卷八。

〔註49〕嘉靖《宣府鎮志》卷十七，祠祀考。

上述周圍（垣）規模符合規制總長 59 丈（或 64 丈）的壇壝實例大部分都是在非實土衛所城市（岷州衛爲軍民指揮使司，與一般衛指揮使司有一定差別）。

7.3.2　小於規制規模

我們注意到，還有大量實土衛所城市壇壝的周圍（垣）規模與規制相比均小一些，這可能與實土衛所城市特別強調其軍事職能而經濟條件不佳有關，同樣也很可能影響到了在其中舉行祭祀活動的完善性。例如：

環縣城：風雲雷雨山川壇在城南一里，周六十步（筆者按：2 步爲 1 丈，合 30 丈），壇高三尺，方二丈五尺，陛四出各三級；社稷壇：在府西一里，周六十步，壇高三尺，方一丈二尺五寸，陛四出，各三級。〔註50〕

靖虜衛城：風雲雷雨壇在南關東隅，明隆慶戊申議建，高三尺，方九丈，磚砌壇基，周二十丈，內有齋宿舍、省牲舍、廚庫各三楹，外有大門牌坊。……山川社稷在城外西南隅，萬曆十九年……建壇壝，齋舍、廚庫、門坊具備。〔註51〕

萬全右衛城：社稷壇在縣城北門外，高二尺五寸，東西廣二丈，南北袤一丈，四出陛各三級，壇下四周各一丈繚以垣（按：周圍合 14 丈），東、西、南、北紅門各一；風雲雷雨山川城隍壇：在縣城南門外，制與社稷壇同。〔註52〕

圖 7.3.3　壇壝周圍（垣）規模遠小於有關規制的實例示意

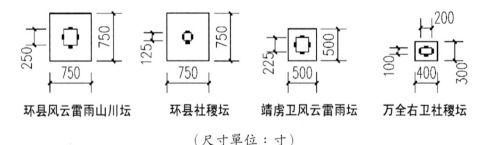

環县风云雷雨山川坛　　環县社稷坛　　靖虏卫风云雷雨坛　　万全右卫社稷坛

（尺寸單位：寸）

〔註50〕順治《慶陽府志》卷十九·壇壝。
〔註51〕康熙《重修靖遠衛志》卷二·祀典。
〔註52〕乾隆《萬全縣志》卷二·壇祠。

7.3.3　大於規制規模

我們還發現，有不少衛所城市的壇壝周圍（垣）規模比上述規制都要大，也達到或超過了親王社稷壇周圍 80 丈的規模，甚至更大。例如：

圖 7.3.4　壇壝周圍（垣）規模比《明會典》規制更大的實例尺度示意

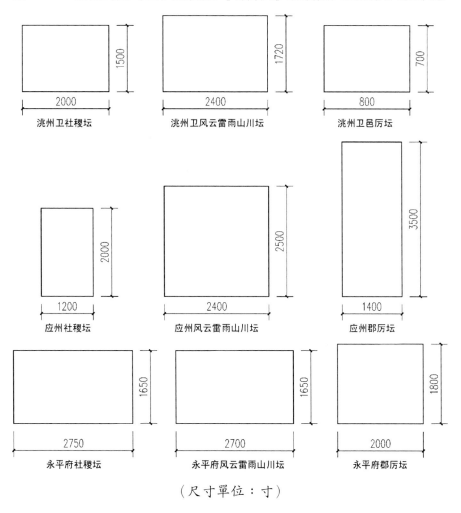

（尺寸單位：寸）

　　洮州衛城：風雲雷雨山川壇深十七丈二尺，廣二十四丈（筆者按：周圍合 82.4 丈），齋房、省牲所在壇之東；社稷壇深十五丈，廣二十丈（按：周圍合 70 丈），齋房、省牲所在壇之西南；邑厲壇南向，深八丈，廣七尺（按：疑爲七丈，則合 30 丈）。〔註53〕

〔註53〕光緒《洮州廳志》卷三‧壇廟。

應州城：社稷壇洪武間創，弘治二年，移築於西門外，迆南空處，南北長四十步，東西寬二十四步（按：周圍合 64 丈），建臺，修廚，築垣，設門。壇臺一座，高五尺，周一丈八尺；風雲雷雨山川壇：在城南關西。南北長五十步，東西寬四十八步（按：周圍合 98 丈）。洪武間創，成化十五年重建，圍築高垣，增補齋室。壇臺一座，高五尺，周三丈，神廚三間，齋房三間；郡厲壇：洪武間創，弘治二年改建於城東門外迆北。南北長七十步，東西寬二十八步（按：周圍合 98 丈），壇臺一座，周築牆垣，修理臺廚，建以門額。壇臺一座磚砌，齋房六間，廚房三間。〔註54〕

永平府城：風雲雷雨山川壇：在府城南三里，洪武初建，正統十二年重建，壇基一所，橫五十四步，直三十三步（按：周圍合 87 丈），神庫三間，神廚三間，宰牲房三間，洗牲地一所，齋宿房三間；社稷壇：在府城西三里，洪武初建，正統十二年重建，壇基一所，橫五十五步，直三十三步（按：周圍合 88 丈），神廚三間，神庫三間，宰牲房三間，洗牲地一所，齋宿房三間；郡厲壇在府城北四里，洪武初建，正統十二年重建，橫四十步，直三十六步（按：周圍合 76 丈），神廚三間、神庫三間，宰牲房三間。〔註55〕

這些北邊衛所城市壇壝周圍（垣）爲何達到如此規模，其準確原因目前尚並不明確，而且其平面尺度並無規律可言，推測有可能是因地制宜的地方做法，也有可能反映了這些衛所城市周邊土地曠廣，壇壝建設規模不受限制。

7.3.4　周邊附屬土地

此外，我們還注意到蔚州城、懷安衛城等相關壇壝的記載中不僅有「周圍」規模，同時還有「計地」規模的表述，而且二者之間存在著很大的差異。

蔚州城：厲壇在城東北太平莊南，周圍六十二步（按：合 31 丈），計地一畝（筆者按：1 畝周圍爲 240 步，合 120 丈）。〔註56〕

懷安衛城：（厲壇）在城東門外，萬曆十五年建，周圍三百六十步（筆者按：合 180 丈），計地三畝（合 360 丈）；又一在城西門外，地基同。〔註57〕

〔註54〕萬曆《應州志》卷二·壇壝。
〔註55〕弘治《永平府志》卷五·壇壝。
〔註56〕順治《蔚州志》祀典志·壇廟。
〔註57〕乾隆《懷安縣志》卷十三·典祀。

圖 7.3.5　明代易州壇壝附屬土地面積（按正方形計）示意

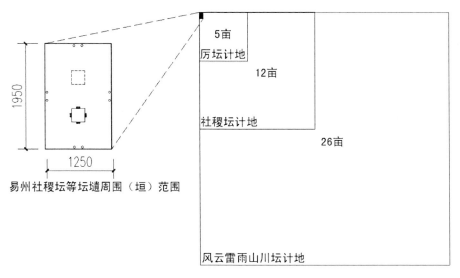

（尺寸單位：寸）

　　這還表明一些北邊衛所城市壇壝周邊很可能還附屬著一定面積的土地，可事生產以資祭祀活動，或有其他用途。而且，有些壇壝附屬土地的面積甚至相當遼廣，如易州城等，壇壝佔地要比周圍（垣）規模大得多。

　　易州城：社稷壇在州治西北一里，計地一十二畝（周圍合 1440 丈），壇制東西二丈五尺，南北二丈五尺，高三尺四寸，陛各三級，壇下前十二丈，東西南各五丈繚以周垣，闢四門，由北門入，神廚三間，庫房三間，宰牲房三間。風雲雷雨山川壇：在州治南一里，計地二十六畝（周圍合 3120 丈），制與社稷壇同，神廚三間，庫房三間，宰牲房三間；州厲壇：在州治北五十步，計地五畝（周圍合 600 丈），制同前，神廚三間，庫房三間，宰牲房三間。〔註58〕

7.4　主要附屬建築情況

　　在《明會典》中有對壇壝主要附屬建築神廚、庫房、宰牲房等的圖示及詳細說明：

〔註58〕弘治《易州志》卷三‧神祀。

圖 7.4.1 壇壝附屬建築情況

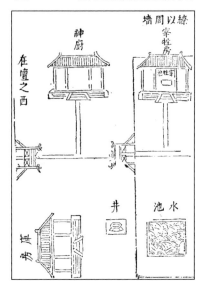

（資料來源：《明會典》卷九十四）

房屋神廚三間，用過樑通連（深二丈四尺，中一間，闊一丈
五尺九寸，傍兩間，每一間闊一丈二尺五寸）；鍋五口（每口二尺
五寸）；庫房間架與神廚同（內用壁不通連）；宰牲房三間（深二丈
二尺五寸，三間通連，中一間闊一丈七尺五寸九分，傍二間各闊一
丈。於中一間正中、鑿宰牲小池、長七尺、深二尺、闊三尺、磚砌
四面、安頓木案於上。宰牲血水、聚於池內。祭畢、擔去、仍用蓋。
房門用鎖（宰牲房前舊有小池者、仍舊制、不必更改。無者不必鑿
池、止於井內取水）。〔註59〕

明代北邊設衛所城市壇壝附屬建築的記載大多不夠清晰，僅有岷州衛壇
壝的附屬建築所依據的規制較爲明確，而且與《明會典》的有關內容大體上
一致。

岷州衛城：社稷壇有齋宿房、宰牲房、廚房各三間；風雲雷雨山川壇有
神宇、宰牲房、大門各三間；郡屬壇有神宇、齋宿房、宰牲房各三間。按：
社稷壇制東西二丈五尺，南北二丈五尺，俱用營造尺，四出陛，各三級。壇
下前十二丈或九丈五尺，東、西、南各五丈，繚以周牆，四門紅油。北門入，
石主向北，風雲雷雨山川壇制同此，但神位向南，從南門入。……壇之西，

〔註59〕《明會典》卷九十四・群祀，有司祀典下。

置神廚三間，用過梁通連，深二丈四尺，中一間闊一丈三尺九寸。旁兩間，每一間闊一丈二尺五寸。廚下東庫房三間，向西，間架與廚同，內用壁不通連，西鑿井，繚以周牆。門二，東通神壇。廚之西，置宰牲房三間，深二丈二尺五寸，三間通連。中一間闊一丈七尺五寸九分。旁二間各闊一丈，繚以周牆，東通廚之西門。於宰牲房中，一間鑿宰牲小池，長七尺，深二尺，闊三尺，磚砌四面。風雲雷雨山川壇神廚宰牲房制同此，但俱向南，庫房向東。凡此會典所載，並纂入，以質好古之君之。又按：祀屬之典，惟云設壇於城北郊間，固無諸制可考。〔註60〕

　　豐潤縣城：社稷壇，圍以長垣，中設壇臺，齋房、神廚原缺；風雲雷雨山川壇，圍以高垣，中設壇臺，齋房、神廚亦缺；邑屬壇，圍以高垣，中建房三楹，東西房如數。〔註61〕

　　保德州城：風雲雷雨山川壇，建治齋所，宰牲所，繚以周垣；社稷壇，建治齋所、宰牲所，繚以周垣；屬壇，宰牲所三間，門一座，繚以周垣。〔註62〕

　　河州衛城：社稷壇，露臺一座，神廚三間，庫房三間，宰牲房三間，齋宿房十有二間；風雲雷雨山川壇，壇制房屋同社稷壇；郡屬壇，壇高三尺，闊二丈，神廚三間，宰牲房三間，大門一座。〔註63〕

表 7.4.1　明代北邊衛所城市壇壝實例的附屬建築情況

衛所城市	衛／所	衛／所隸屬	壇壝	神廚	神庫	宰牲房	齋宿房	神宇建築
永平府城〔註64〕	永平衛等	後軍都督府直隸	社稷壇	三間	三間	三間	三間	壇
			風雲雷雨山川壇	三間	三間	三間	三間	壇
			郡屬壇	三間	三間	三間	無	壇
豐潤縣城〔註65〕	興州前屯衛	後軍都督府直隸	社稷壇	無	無	無	無	壇

〔註60〕康熙《岷州志》卷四‧壇壝。
〔註61〕隆慶《豐潤縣志》卷五‧祀典。
〔註62〕康熙《保德州志》卷二‧廟社。
〔註63〕嘉靖《河州志》卷二‧典禮志‧祠祀。
〔註64〕弘治《永平府志》卷五‧壇壝。
〔註65〕隆慶《豐潤縣志》卷五‧祀典。

				無	無	無	無	壇
			風雲雷雨山川壇					
			厲壇	無	無	無	無	有
遵化縣城〔註66〕	東勝右衛	後軍都督府直隸	社稷壇	無	無	有	有	壇
易州城〔註67〕	茂山衛	大寧都司	社稷壇	三間	三間	三間	無	壇
			風雲雷雨山川壇	三間	三間	三間	無	壇
			州厲壇	三間	三間	三間	無	壇
宣府鎮城〔註68〕	宣府左、右、前衛	萬全都司	社稷壇	三間	三間	三間	無	壇
保德州城〔註69〕	守禦千戶所	山西都司	社稷壇	無	無	有	有	壇
			風雲雷雨山川壇	無	無	有	有	壇
			厲壇	無	無	三間	無	壇
應州城〔註70〕	安東中屯衛	山西行都司	社稷壇	有	無	無	無	壇
			風雲雷雨山川壇	三間	無	無	三間	壇
			郡厲壇	三間	無	無	六間	壇
大同府城〔註71〕	大同前、後衛	山西行都司	郡厲壇	未詳	未詳	未詳	三間	三間
岷州衛城〔註72〕	岷州衛	陝西都司	社稷壇	三間	無	三間	三間	壇
			風雲雷雨山川壇	無	無	三間	無	三間
			郡厲壇	無	無	三間	三間	三間
洮州衛城〔註73〕	洮州衛	陝西都司	社稷壇	無	無	有	有	壇

〔註66〕康熙《遵化州志》卷三·壇壝。
〔註67〕弘治《易州志》卷三·神祀。
〔註68〕嘉靖《宣府鎮志》卷十七,祠祀考。
〔註69〕康熙《保德州志》卷二·廟社。
〔註70〕萬曆《應州志》卷二·壇壝。
〔註71〕參照正德《大同府志》所附「郡厲壇圖」。
〔註72〕康熙《岷州志》卷四·壇壝。
〔註73〕光緒《洮州廳志》卷三·壇廟。

			風雲雷雨山川壇	無	無	有	有	壇
			邑厲壇	無	無	無	無	壇
靖虜衛城〔註74〕	靖虜衛	陝西都司	山川社稷壇	有	（與神廚並）	無	有	壇
			風雲雷雨壇	三間	（與神廚並）	三間	三間	壇
河州衛城〔註75〕	河州衛	陝西都司	社稷壇	三間	三間	三間	十二間	壇
			風雲雷雨山川壇	三間	三間	三間	十二間	壇
			郡厲壇	三間	無	三間	無	壇

　　根據我們已掌握的有關地方志材料，北邊衛所城市社稷壇、風雲雷雨山川壇、厲壇的附屬建築可能有神廚（也有稱廚房等）、宰牲房（也有稱宰牲所、省牲所、牲所等）、神庫（也有稱庫房）、齋宿房（也有稱齋房、齋所、齋宿舍），以及神宇建築（神主所在處）等。

　　根據所見壇壝實例，附屬建築的建置情況不一，但仍可歸納出一些情況：其一，齋宿房以外的建築，如果存在，則基本都爲三間，這可能與規制內容詳細且具體有關；其二，神宇建築的大多數都是用於厲壇的，而社稷壇和風雲雷雨山川壇的神主所在處基本都是按照規制設置於露天之壇上，僅見岷州衛城風雲雷雨山川壇一例用神宇建築。

7.5　小　結

　　明代的壇壝制度隨著相關祭祀制度的完善和推行，在明初已基本明確下來，有關壇壝建設分佈、等級規模內容均在明代北邊衛所城市中有所貫徹。主要壇壝除了被定爲大祀的社稷壇、風雲雷雨山川壇外，在北邊衛所城市，考慮到特定的征戰特點，對厲壇的建設也相當重視。總的來說，明代北邊衛所城市的主要壇壝實際建置是參照府、州、縣及周邊地區城市的壇壝系統的。

　　本章從壇制規模、周圍（垣）規模、主要附屬建築等方面對明代北邊衛

〔註74〕康熙《重修靖遠衛志》卷二‧祀典。
〔註75〕嘉靖《河州志》卷二‧典禮志‧祠祀。

所的主要壇壝建置情況進行了梳理和分析，可知：

　　一、北邊衛所城市主要壇壝的壇制規模基本因循了洪武初年的頒制。很多情況下，平面尺寸比規制尺寸小，壇高出陛等大致相同。

　　二、周圍（垣）規模在北邊衛所城市的實例分析中並沒有一定的趨勢，各城市可能更多是因地制宜而為，或有擴大縮小。

　　三、主要附屬建築情況大多體現在厲壇的建置中。

第8章 官辦學校

　　官辦學校在明代城市中的地位極爲重要，所謂「邑必建學，學必祀先師」〔註1〕〔註2〕，既反映了其在明代城市中的重要性，也說明了明代學校以儒學教育爲導向，同時也反映了祭祀孔子（先師）在學校及其所在城市中的重要地位。當然，當時尊孔崇儒的源頭應當還是明王朝統治者對孔子之教有益治國的篤信，在祀孔禮儀及遵從儒學教育方式上所表現的尊崇和誠敬程度，都是超越前代的，甚至明代城市的官辦學校皆可被統稱爲「儒學」。而且幾乎所有學校都有尊祭孔子之所，並多建爲文廟，自成一區，其規模往往超過儒學的教學部分。這些文廟的核心建築大成（先師）殿及東西兩廡甚至超過了儒學的主體建築明倫堂及其學齋的規模。

　　　　於是大建學校，府設教授，州設學正，縣設教諭，各一。俱設訓導，府四，州三，縣二。生員之數，府學四十人，州、縣以次減十。……蓋無地而不設之學，無人而不納之教。庠聲序音，重規疊矩，無間於下邑荒徼，山陬海涯。此明代學校之盛，唐、宋以來所不及也。生員雖定數於國初，未幾即命增廣，不拘額數。宣德中，定增廣之額：在京府學六十人，在外府學四十人，州、縣以次減十。成化中，定衛學之例：四衛以上軍生八十人，三衛以上軍生六十人，二衛、一衛軍生四十人，有司儒學軍生二十人；土官子弟，許入附近儒學，無定額。〔註3〕

　　在明代北邊衛所城市中，最早建立學校的應當是非實土衛所城市，即衛

〔註1〕萬曆《應州志》卷二，文廟。
〔註2〕道光《保安州志》卷三·學校。
〔註3〕《明史》卷六十九，志第四十五，選舉一。

所建置的府、州、縣城,「洪武元年,以帶刀舍人周宗議,詔天下府州縣皆立學」〔註4〕,(另說為洪武二年〔註5〕)明太祖詔天下各府、州、縣立儒學,並且定式考試開科取士。

> 洪武二年十月,詔天下府、州、縣立學。諭中書省臣曰:「學校之設,名存實亡。兵變以來,人習戰爭。朕惟治國以教化為先,教化以學校為本。京師雖有太學,而天下學校未興。宜令郡縣皆立學。」於是設學官,令生員專治一經,以禮、樂、射、御、書、數,設科分教。〔註6〕

而當時北邊實土衛所城市普遍未有官辦學校,直到明代中期以後才有所改觀,例如萬全都司建置的宣府地區,明初「時宣鎮甫經兵燹民皆內遷,故未立學校」〔註7〕,直到洪熙元年,才正式詔准隆慶、保安二州參照內地州縣儒學及文廟的制式,在各自城東南隅——巽隅相地建學。

> 明初,置儒學提舉司。洪武二年,詔天下府州縣皆立學。十三年,改各州學正為未入流。先是從九品,二十四年,定儒學訓導位雜職上。三十一年詔天下學官改授旁郡州縣。正統元年始設提督學校官,又有都司儒學,洪武十七年置,遼東始。行都司儒學,洪武二十三年置,北平始。衛儒學,洪武十七年置,岷州衛,二十三年置,大寧等衛始。以教武臣子弟。俱設教授一人,訓導二人。〔註8〕

通觀明代官辦學校的創設及教育特點,本文研究認為有兩方面的觀念對北邊衛所城市中有關學校的建置規模有重要影響。

第一,「科舉必由學校」的觀念。說的是學校的教育和選拔功能,也就是說,學校本身既是應對科舉考試的教育準備途徑,也是培養人才為賢為能的必經過程。

> 選舉之法,大略有四:曰學校,曰科目,曰薦舉,曰銓選。學校以教育之,科目以登進之,薦舉以旁招之,銓選以布列之,天下人才盡於是矣。明制,科目為盛,卿相皆由此出,學校則儲才以應

〔註4〕 〔清〕查繼佐《罪惟錄》卷二十六・學校志。
〔註5〕 如〔清〕夏燮《明通鑒》目錄卷一洪武二年九月:辛卯,詔天下府州縣皆立學。
〔註6〕 〔清〕龍文彬《明會要》卷二十五・學校上・府州縣學。
〔註7〕 嘉靖《宣府鎮志》卷十八・學校考。
〔註8〕 《明史》卷七十五,志第五十一,職官四。

科目者也。〔註9〕

　　在明初，府、州、縣學諸生如能進入國子學成爲監生進一步深造，還有可能被直接授予官職。因此，北邊衛所城市的有關學校的創設也反映了其中軍民人等的社會認同情況，以及其中城市社會的穩定程度。

　　　　科舉必由學校，而學校起家，可不由科舉。學校有二：曰國學，
　　　　曰府、州、縣學。府、州、縣學諸生入國學者，乃可得官，不入者
　　　　不能得也。入國學者，通謂之監生。〔註10〕

　　明代學校均爲儒學，有兩京的國子學，地方上按照行政區劃有府、州、縣學，很多衛所也有自己的學校，明代中期以後一些城市還開辦了武學，以上都是官辦學校。另外，還有教民間子弟遍及鄉里的大量社學，更多地是起到文化普及的作用，還有專教王府子弟的宗學，這兩類均不在我們這裡的討論之列。

　　　　社學，自洪武八年，延師以教民間子弟，兼讀《御製大誥》及
　　　　本朝律令。正統時，許補儒學生員。弘治十七年，令各府、州、縣
　　　　建立社學，選擇明師，民間幼童十五以下者送入讀書，講習冠、婚、
　　　　喪、祭之禮。然其法久廢，浸不舉行。〔註11〕

　　第二，「科舉取士，務得全材」的觀念。由於明太祖出身低微，一方面著眼於儒學教育，而且推崇文武全才，按照其初衷，甚至完善的儒學教育目標應該就是文武兼備的全才或複合型人才。

　　　　茲欲上稽古制，設文武二科，以廣求天下之賢。其應文舉者，
　　　　察其言行以觀其德，考之經術以觀其業，試之書算、騎射以觀其能，
　　　　策以經史時務以觀其政事；應武舉者，先之以謀略，次之以武藝，
　　　　俱求實效，不尚虛文。〔註12〕

　　明太祖在南京建都開國伊始便開科取士，所謂「設科取士期必得於全材，任官惟賢庶可成於治道」〔註13〕。這種對文武兼備全才的期盼和關注，不僅在諸儒學建築中反映爲與儒生習武相關的射廳（或觀德廳）建設，而且是明代武學相關制度創設較晚的重要原因，也造就了明代長期「以文統武」的官

〔註9〕　《明史》志第四十五，選舉一。
〔註10〕　《明史》卷六十九，志第四十五，選舉一。
〔註11〕　《明史》卷六十九，志第四十五，選舉一。
〔註12〕　《明太祖實錄》卷之二十二，吳元年春正月戊寅朔。
〔註13〕　《明太祖實錄》卷之五十二，洪武三年五月己丑朔。

員任職方式，當然，以文統武有穩定軍兵等諸多益處，也存在著武備不及等較大弊端。

綜上所述，學校的創設及規模是衡量北邊衛所城市及配套設施建設的一個重要因素。下面分別對其中的府、州、縣、衛儒學以及武學的規模情況分別進行一定討論。由於衛、所儒學的建置條件是其所在城市中並無府、州、縣儒學，因此，這種同一城市不會重複建置對應等級儒學的條件，使得所涉學校類型較為明確，相比前面討論主官公署的情況，要簡單一些。

8.1 府儒學

關於明代北邊有衛所建置的府城中官辦學校的一些情況，我們掌握有以下五個實例可加以分析：

慶陽府儒學：大成殿五間，兩廡各十間，崇聖祠三間在殿西北；戟門櫺星門各一座，泮池一區；禮門義路坊各一座；敬一亭三間在明倫堂後；神庫在西廡後；神廚在東廡後；明倫堂五間；志道、據德、依仁、遊藝四齋各三間；教授訓導公廨各一所在明倫堂西北；大門一重；儀門一重；尊經閣在堂北；射圃亭在南。名宦祠三間在戟門左；鄉賢祠三間在戟門右；[註14]

圖 8.1.1　清代前期慶陽府儒學圖

（資料來源：順治《慶陽府志》）

[註14] 順治《慶陽府志》卷十八·學校。

臨洮府儒學：

圖 8.1.2　清代中期狄道州（明代臨洮府）學宮圖

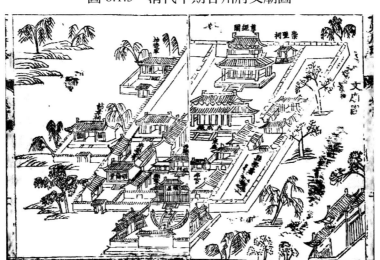

（資料來源：乾隆《狄道州志》）

甘州府儒學：

圖 8.1.3　清代中期甘州府文廟圖

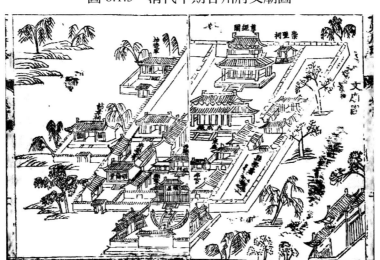

（資料來源：乾隆《甘州府志》）

圖 8.1.4　明代永平府儒學圖

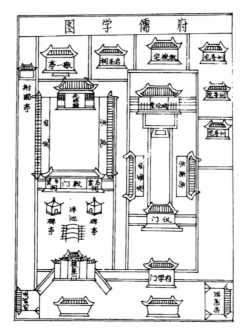

（資料來源：萬曆《永平府志》）

　　永平府儒學：大成殿五間，東西廡各一十三建，戟門三間，櫺星門三間，神庫三間，宰牲房三間，神廚三間，明倫堂五間。東西齋各六間，前廳三間，後堂三間，東西號房共三十五間。教授宅一所，訓導宅四所。〔註15〕

　　大同府儒學：大成殿五楹，東廡十一楹，西廡十一楹，神庫一楹在大成殿左掖，神廚一楹在大成殿右掖，戟門三楹在大成殿南，泮池在戟門南石砌圓橋跨亙池上。櫺星門三楹在泮池南，齊明廳五楹在泮池東，潔清廳五楹在泮池西，大成坊在櫺星門南，雲路坊在大成坊南，義路坊在大成坊迤東，禮門坊在大成坊迤西。崇聖祠五楹前有圍牆在大成殿西北舊稱啓聖公祠（雍正三年改爲崇聖祠），文昌祠在魁星樓後，魁星樓在儒學大門東。名宦祠三楹在戟門左，鄉賢祠三楹在戟門右。尊經閣在大成殿後。敬一亭在文昌祠後，嘉靖中命兩京國子監及天下學校建亭勒箴。明倫堂五楹在大成殿東，儀門三楹在明倫堂南，大門三楹在儀門南。東齋六楹宰明倫堂左側西向；西齋六楹在明倫堂右側東向。教授署在明倫堂東北正房三間，東偏房二間西偏房二間，宅門外居易堂二間東書房二間，西書房二間，二門一間，大門一間，二門外

〔註15〕弘治《永平府志》卷七・學校。

班房一間。訓導署在明倫堂西南，正房三間，西偏房一間，正方後書房一間，門房一間。〔註16〕

圖 8.1.5　明代大同府縣學圖

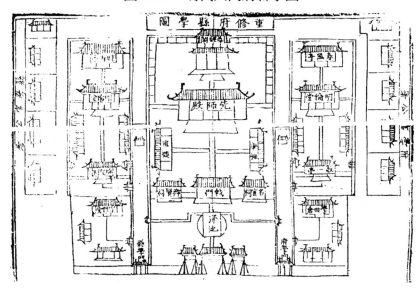

（資料來源：正德《大同府志》）

表 8.1.1　明代北邊衛所城市之府儒學主要建築規模情況

學　校	廟學關係	欞星門（大門）	戟門（大成門）	大成殿（先師殿）	東西廡	大門	儀門（二門）	明倫堂	東西齋（堂前學齋）
永平府學〔註17〕	西廟東學	三間	三間	五間	各十三間	未詳	未詳	五間	各六間
大同府學〔註18〕	西廟東學	三間	三間	五間	各十一間	三間	三間	五間	各六間
慶陽府學〔註19〕〔註20〕	西廟東學	未詳	未詳	五間	各十間	未詳	未詳	五間	四齋各三間

〔註16〕 乾隆《大同府志》卷十四·學校。
〔註17〕 弘治《永平府志》卷七·學校。
〔註18〕 乾隆《大同府志》卷十四·學校。
〔註19〕 順治《慶陽府志》卷十八·學校。
〔註20〕 嘉靖《慶陽府志》卷五·學校。

臨洮府學〔註21〕	東廟西學	三間	三間	五間	未詳	一間	一間	三間	未詳
甘州府學〔註22〕	東廟西學	三間	三間	五間	未詳			未詳	未詳

圖 8.1.6　明代北邊衛所城市府儒學主要建築常見規模等

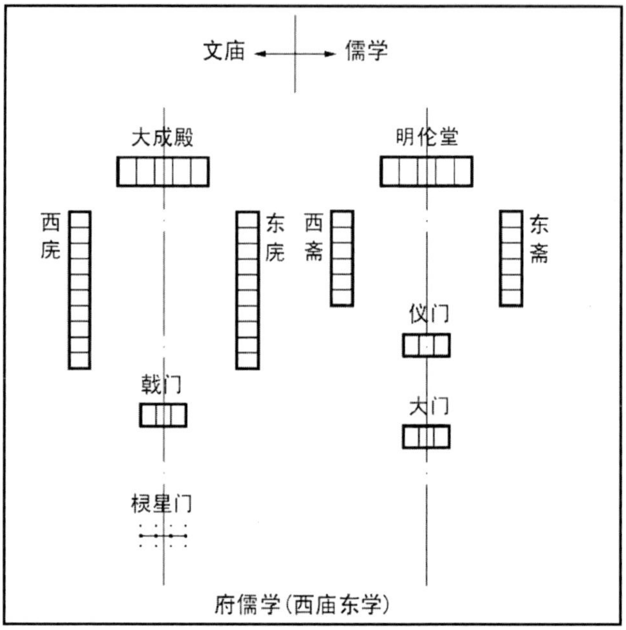

（資料來源：自繪）

　　由上表可知，第一，府學的（文）廟、（儒）學基本布局關係常見有西廟東學和東廟西學兩種中軸線並排布置方式，這主要應該是由於府學的廟、學各自規模都比較大，前後串聯布置對其在城市中佔地要求較高，可行性較差。另外，在廟、學這兩條院落軸線中，（文）廟的規模往往比較大，因此，居於主要地位，（儒）學稍次之。這在甘州府學和大同府學中更爲明確，都是以文廟居中，而以文廟的中軸線爲對稱軸，府儒學和附郭的縣儒學基本對稱分佈於兩側。

　　第二，文廟大成殿前的欞星門和戟門的規模所見都是三間；而大成殿都是五間；殿前的東西兩廡各爲十、十一、十三間不等。

〔註21〕依據乾隆《狄道州志》學宮圖。
〔註22〕依據乾隆《甘州府志》文廟圖。

　　第三，儒學的大門和儀門規模有均為三間者，也有均為一間的，沒有發現明確的規律性；而儒學的核心建築——明倫堂多為五間，也有一例為三間；堂前東西分佈的學齋實例，能夠明確的三個都是共十二間，可能與其生員規模一致有關。

8.2　州儒學

　　明代北邊衛所城市中的州儒學，都是在有非實土衛所建置的州城中，可供進行建築規模分析的州儒學有如下實例：

圖 8.2.1　清初河州文廟圖

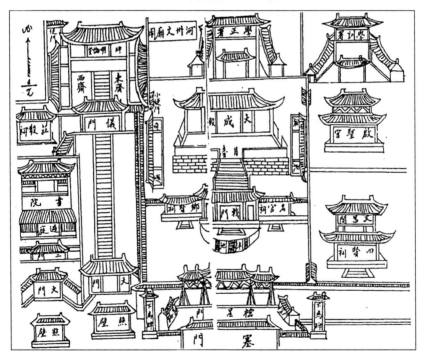

（資料來源：康熙《河州志》）

圖 8.2.2　清代中期秦州文廟圖

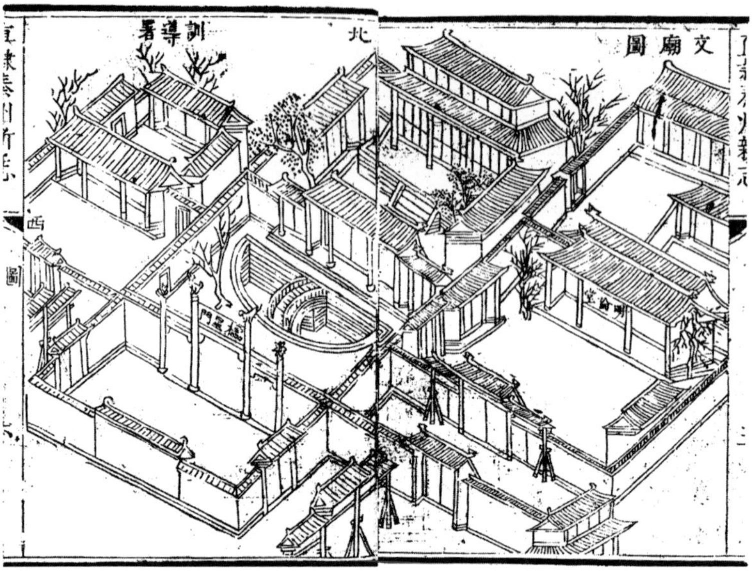

（資料來源：乾隆《直隸秦州新志》）

圖 8.2.3　清代前期綏德州學宮圖

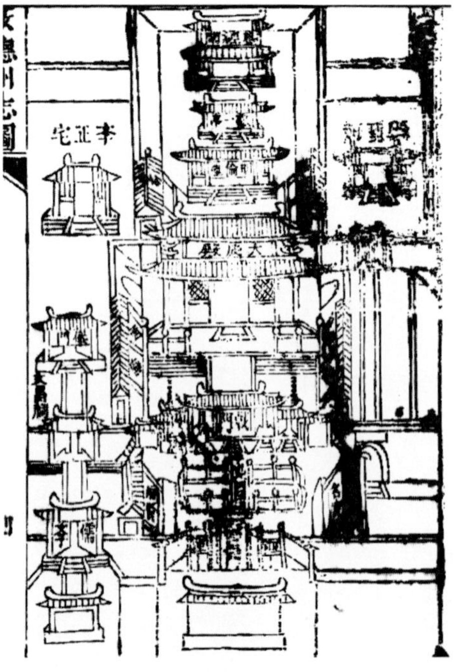

（資料來源：順治《綏德州志》）

　　河州儒學：大成殿東西廡三十間，戟門五間，櫺星門三間，內鑿泮池，卉亭二座，神庫三間，宰牲房六間；明倫堂三間，三齋各三間〔註23〕

　　秦州儒學：秦州學正署在文廟東，上爲明倫堂，後有尊經閣。迤東爲內宅，堂下左右爲齋房，爲講堂爲學舍，前有儀門有大門。訓導署在文廟西。……文廟在城內西南隅，上爲大成殿，左爲崇聖宮，臺下東西兩廡各九間，前爲戟門，門外左名宦祠，右鄉賢祠，中爲泮池，前爲櫺星門，外東西二門相對，門外爲德配天地道貫古今坊〔註24〕

圖 8.2.4　清初保德州學宮之圖

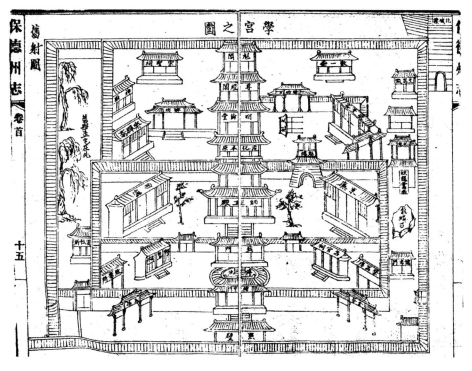

（資料來源：康熙《保德州志》）

　　保德州儒學：先師殿五間，兩廡各七間，戟門三間，櫺星門三座，啓聖祠三間，在明倫堂右，敬一亭三間在堂左俱明嘉靖十三年建天啓元年改敬一亭於尊經閣左，啓聖祠於尊經閣右；尊經閣三間在明倫堂後；文昌祠在東廡下明弘治七年改爲名宦祠祀文昌於尊經閣下，魁星樓舊在儒學門外，後改建

〔註23〕康熙《河州志》卷二・學校志。
〔註24〕乾隆《直隸秦州新志》卷三・建置。

於學之西，明萬曆間又改建於先師殿東；名宦祠舊在東廡下，明弘治間改文昌祠，建改戟門外，神廚爲之，鄉賢祠舊在西廡下，明弘治間改致齋所建改戟門外宰牲所爲之，致齋所舊在西廡下明弘治間改爲鄉賢祠遂廢祭器庫即東齋下截地後通名進德齋，尊賢育才二坊在欞星門外東西兩邊；明倫堂三間，東進德修業兩齋，西成賢齋祭器庫，東治化本源，西文章淵藪，二柵欄俱弘治間建，萬曆間撤去成賢齋祭器庫，改爲東西兩齋各五間，東曰進德，西曰修業，又改東西二柵門，曰禮門、義路；儒學門三間在文廟東；儒官門在欞星門之西；學正宅舊在文廟西儒官門裏，訓導齋之中，明萬曆間創建於明倫堂後，尊經閣兩傍，天啓間復建文廟西，訓導宅在文廟西，學正宅之兩傍，號房舊在先師殿兩傍，改建於明倫堂兩傍；射圃在明倫堂號房之西，長二十五丈，闊四張，內有觀德亭。〔註25〕

圖8.2.5　清代後期岢嵐州文廟圖

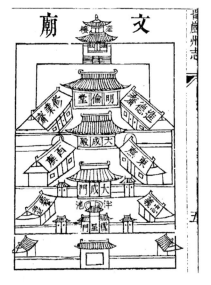

（資料來源：光緒《岢嵐州志》）

　　岢嵐州儒學：學宮在州治之南，南薰街之西，位北面南。聖殿五楹基崇三尺，外爲月臺其闊如殿址，周圍無欄。東西廡各九楹，大成門即戟門，左爲名宦祠，右爲鄉賢祠，各三楹。其下右爲忠義祠，左爲官廳，中砌泮池，跨以石橋，欞星門三楹，東西便門各一楹。宰牲所在西圍牆外，東西柵門通

街衢，豎坊二，明倫堂在聖殿後，東為進德齋，西為修業齋，各三間，南豎柵門，尊經閣在明倫堂後，啓聖祠在文廟東，學正廨在明倫堂東，敬一亭在文昌閣後，文昌閣在儒學大門內〔註26〕

圖 8.2.6　清代中期代州學宮圖

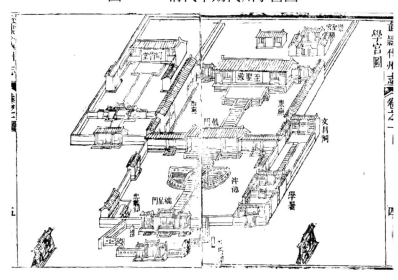

（資料來源：乾隆《直隸代州志》）

代州儒學：大成殿為七楹，兩廡十五楹，衛以戟門，門五楹，左右為神庫門，前鑿泮池，池架石橋，橋前為櫺星門，其明倫堂在廟西，後為饌堂，更後為學正舍，後為訓導舍，西為號舍，東為文昌祠，正德五年十四年續修廢文昌祠即其地建鄉賢祠，前為射圃，嘉靖初廢射圃建啓聖祠，廢饌堂建敬一亭，嘉靖三十二年於堂東西建號舍各十餘間，龍門牌坊一座，儀門大門各三楹，移敬一亭於殿後，改崇聖祠於殿東，中創名宦祠、鄉賢祠左右拱立，復射圃於東南隅，萬曆十三年廢射圃，建文昌祠於其中，鑿池於萬仞坊前為方尺直抵城下，豎二坊於萬仞坊之東〔註27〕

蔚州儒學：先師殿五間配哲分祀殿內，東西兩廡十八間祀先賢先儒，碑亭二間載先朝碑文，戟門三間在泮池南，泮池坊二座在櫺星門南，櫺星門三間，啓聖祠三間，省牲亭三間。御製樓三間在明倫堂後，廣闊巍聳，城中巨觀也，尊經閣高四丈，魁星樓高四丈，明倫堂五間，進德齋五間在明倫堂東，

〔註26〕光緒《岢嵐州志》卷三‧學校。
〔註27〕乾隆《直隸代州志》卷一‧學校。

修業齋五間在明倫堂西，號房三十間學宅東西，名宦祠三間在義路門內，鄉賢祠三間在禮門內，學正宅一所在明倫堂西，訓導宅二所近尊經閣魁星樓，東門坊西門坊進士坊舉人坊，東門曰義路，西門曰禮門。……射圃在儒學明倫堂西有觀德廳，弘治十四年建。〔註28〕

圖 8.2.7　清代前期蔚州學宮圖　　　　圖 8.2.8　明代應州廟學圖

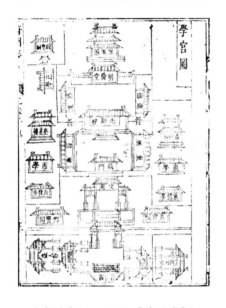 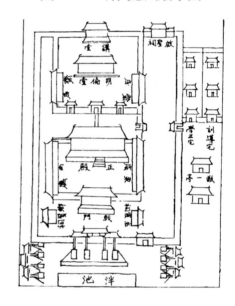

（資料來源：順治《蔚州志》）　　　　（資料來源：萬曆《應州志》）

　　應州儒學：明倫堂五間，講堂三間，率性齋五間，修道齋五間，誠意齋三間，會饌堂三間，敬一亭三間，學門三間。學正宅正庭三間，住房三間，廂房六間。訓導宅正庭三間，住房三間，廂房六間。洪武八年，文廟同儒學移建於州治西南。先師殿五間，東西廡十五間，戟門五間，欞星門坊三間，宰牲所三間。〔註29〕

　　朔州儒學：明洪武十年創建。正殿五間，東西廡各九間。大成門三間，外中泮池磚橋。欞星門三間，外中照壁，東西牌樓。崇聖祠三間，在文廟西北。名宦祠三間，在大成門左。鄉賢祠三間，在大成門右。明倫堂三間，文廟正殿東。東西齋各三間。敬一亭在崇聖祠南。學正署在明倫堂後。〔註30〕

〔註28〕順治《蔚州志》卷下。
〔註29〕萬曆《應州志》卷二。
〔註30〕雍正《朔平府志》卷四‧學校。

圖 8.2.9　清代中期朔州文廟全圖

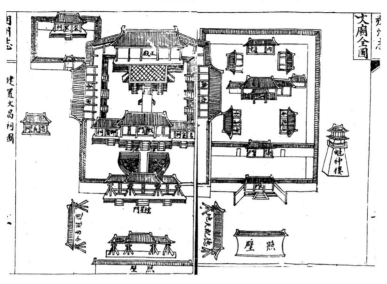

（資料來源：雍正《朔州志》）

圖 8.2.10　清代初期渾源州學宮局部示意圖

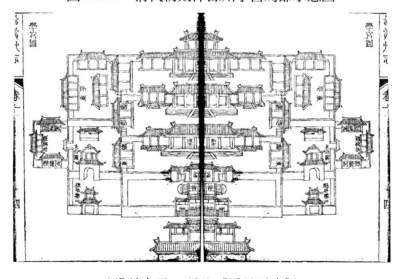

（資料來源：順治《渾源州志》）

渾源州學宮：（大成）殿兩掖為祭器庫神廚，東西翼為兩廡，前為戟門外為櫺星門啟聖祠在大成殿東，左祀名宦，右祀鄉賢，明倫堂在大成殿後堂後為敬一亭，堂前為進德修業二齋，學正宅在明倫堂西，訓導宅在啟聖祠後，儒學大門在櫺星門東，左有儒林坊，舊有號舍射圃社學俱廢，萬曆三十九年

就儒學中門起高閣三重，上肖魁星，中奉文昌，下闢禮門，四十年建尊經閣於敬一亭後。〔註31〕

圖 8.2.11　明代隆慶州學圖

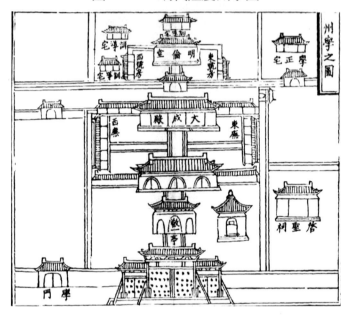

（資料來源：嘉靖《隆慶志》）

　　隆慶州儒學：學基東西廣二十三丈五尺，南北袤四十二丈五尺。大成殿五間，兩廡二十六間，大成門三間，欞星門一座，敬一箴亭一座，宰牲房三間，神庫三間，明倫堂五間，設鐘鼓於東西序，齋六間東西相向，迴廊二十間為肄業號舍，正門三間，禮門一間，學門三間。牌樓二座。學正公廨在明倫堂東，房共九間。訓導公廨三所，一在堂後房六間，二在堂西房共十間。射圃在文廟前城下，繚以周垣，構觀德亭三間，前敞以軒動向。〔註32〕

　　涿州儒學：在州治西南。大成殿三間，東西廡各五間，戟門三間，名宦祠在戟門左，鄉賢祠在戟門右，共六間，神廚五間，祭器庫五間，在兩廡旁，泮池石橋三座，欞星門三間，文昌祠三間在大成殿東南，啓聖祠三間在文昌祠後。〔註33〕

〔註31〕萬曆《渾源州志》卷一‧置志第二。
〔註32〕嘉靖《隆慶州志》卷二‧官署。
〔註33〕康熙《涿州志》卷三‧學校。

圖 8.2.12 清中期期涿州文廟圖

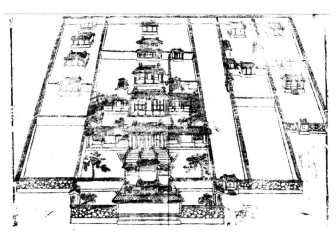

（資料來源：乾隆《涿州志》）

易州儒學：周圍 520 步，計地二十六畝。文廟大成殿五間，東西廡二十八間，戟門三間，櫺星門三間，神廚神庫各三間，宰牲房三間，土地廟一間，明倫堂三間，興詩齋四間在堂東；立禮齋四間在堂西；成樂齋四間在堂東；講堂三間，號房三十間，會饌堂六間，廚房三間，倉三間，二門三間，學門一座，門牌一座，學正公廨一所，訓導公廨三所。射圃計地十五畝，觀德亭三間。〔註34〕

圖 8.2.13 清代前期易州學圖

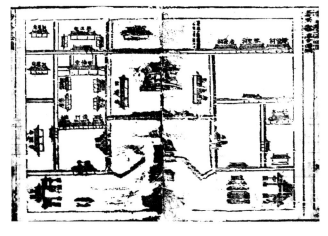

（資料來源：順治《易水志》）

〔註34〕弘治《易州志》卷三・學校。

　　通州儒學：先師殿五間，東廡五間，西廡五間，戟門三間，東西角門各一間，櫺星門三間，御製敬一碑亭一間，明倫堂五間，日新齋三間，時習齋三間，進德齋三間，啓聖公祠三間，……庫房三間，學正衙一所，訓導衙三所，儀門一間，大門一間。〔註35〕

圖 8.2.14　清中期通州學宮圖

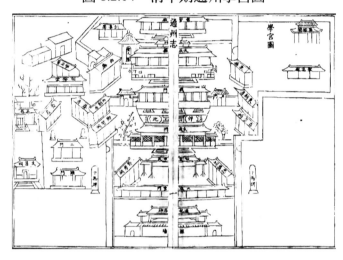

（資料來源：乾隆《通州志》）

表 8.2.1　明代北邊衛所城市之州儒學主要建築規模情況

學　校	廟學關係	櫺星門（大門）	戟門（大成門）	大成殿（先師殿）	東西廡	大門	儀門（二門）	明倫堂	東西齋（堂前學齋）
易州儒學〔註36〕	東廟西學	三間	三間	五間	各十四間	未詳	三間	三間	三齋各四間
涿州儒學〔註37〕	未詳	三間	三間	三間	各五間				
通州儒學〔註38〕	東廟西學	三間	三間	五間	各五間	一間	一間	五間	四齋各三間

〔註35〕嘉靖《通州志略》卷二・學校。
〔註36〕弘治《易州志》卷三・學校。
〔註37〕康熙《涿州志》卷三・學校。
〔註38〕嘉靖《通州志略》卷二・學校。

隆慶州學〔註39〕	前廟後學	未詳	三間	五間	各十三間		未詳	五間	各三間
蔚州儒學〔註40〕	前廟後學	三間	三間	五間	各九間			五間	各五間
渾源州學〔註41〕	前廟後學	三間	三間	五間	各三間			五間	各三間
朔州儒學〔註42〕	西廟東學	三間	三間	五間	各九間			三間	各三間
應州儒學〔註43〕	前廟後學	三間	五間	五間	各十五間		三間	五間	各五間
岢嵐州學〔註44〕	前廟後學	三間	三間	五間	各九間			未詳	各三間
保德州學〔註45〕	前廟後學	三間	三間	五間	各七間			三間	各五間
代州儒學〔註46〕	東廟西學	未詳	五間	七間	各十五間	三間	三間	未詳	其他
秦州儒學〔註47〕	西廟東學	三間	三間	未詳	各九間	一間	三間	三間	未詳
綏德州學〔註48〕	前廟後學	未詳	三間	五間	各七間		未詳	五間	各三間
河州儒學〔註49〕	東廟西學	三間	五間	未詳	各十五間	未詳	未詳	三間	三齋各三間

　　以上的 14 個北邊衛所城市州儒學案例中，（文）廟、（儒）學位置關係明確的有 13 個，其中，東廟西學者有 4 個，西廟東學者有 2 個，其餘 7 個全部爲前廟後學。

〔註39〕嘉靖《隆慶州志》卷二・官署。
〔註40〕順治《蔚州志》卷下。
〔註41〕萬曆《渾源州志》卷一・置志第二。
〔註42〕雍正《朔平府志》卷四・學校。
〔註43〕萬曆《應州志》卷二。
〔註44〕光緒《岢嵐州志》卷三・學校。
〔註45〕康熙《保德州志》卷一・因革・公署。
〔註46〕乾隆《直隸代州志》卷一・學校。
〔註47〕乾隆《直隸秦州新志》卷三・建置。
〔註48〕乾隆《綏德州直隸州志》卷三・學校。
〔註49〕康熙《河州志》卷二・學校志。

圖 8.2.15　明代北邊衛所城市州儒學主要建築常見規模等

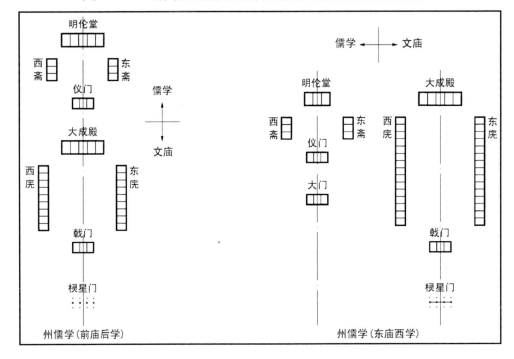

（資料來源：自繪）

　　第一，前廟後學者變多，可能說明了以下問題：

　　首先，州儒學的廟、學比府儒學的要小，因此，可以實現前後串聯，在北邊衛所城市用地中不算困難。

　　其次，可能包含著「動靜」分區的意圖，儒學教學環境需要安靜，而文廟的人員來往、活動較多居於南端靠外布置。

　　再次，可能包含著在城市職能中文廟比儒學重要的意思，文廟的位置相對更突出；不僅如此，東廟西學或西廟東學並列布置的實例圖也顯示，文廟的入口空間（欞星門外）往往比儒學更突出，而且中軸線比儒學長，院落規模也大，如河州、秦州、綏德州、代州、朔州、通州等。

　　第二，文廟的主要建築規模。欞星門所見都是三間；戟門大部分是三間，有應州、代州、河州為五間；而大成殿大部分都是五間，有涿州一例為三間，代州一例為七間；大成殿前東西兩廡各為三、五、七、九間及十三、十四、十五間者不等。其中，應州、代州、河州總體規模較大，甚至全面超過了前述府儒學中的文廟。

　　第三，儒學的主要建築規模。大門和二門常見為一間或三間，由於很多州儒學採用了前廟後學的布局模式，也造成其儒學入口空間全面簡化；明倫堂建築規模有五間（6 例）和三間（5 例）兩種；明倫堂前多為東西齋，各五間或三間者居多，有三例為明倫堂前有三或四學齋，十餘間左右。從實例情況來看，州儒學的主要建築規模與府儒學的差距不大。

8.3　縣儒學

　　在明代北邊衛所城市中，已知較確切縣儒學情況的有如下實例：

　　神木縣儒學：大成殿五間，東西廡各九間，戟門三間，東名宦祠三間，西鄉賢祠三間，泮池圜橋三，左右碑亭二，東祭廚所三間，西宰牲所三間，櫺星門坊三間，照壁高峻，左右禮門義路，四面圍牆。〔註50〕

　　環縣儒學：大成殿五間，東西廡各五間；戟門三間；泮池一區磚甃置石橋；櫺星門三間；崇聖祠在大成殿後；名宦祠三間在戟門東；鄉賢祠三間在戟門西；德配天地道貫古今坊二座；明倫堂三間在廟西；博文、約禮齋各三間；訓導公廨一所在明倫堂北；大門儀門各一所面西。〔註51〕

圖 8.3.1　清代前期環縣學圖

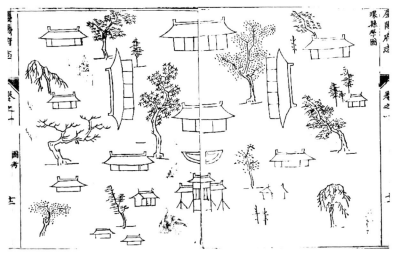

（資料來源：順治《慶陽府志》）

〔註50〕道光《神木縣志》卷三，學校。
〔註51〕順治《慶陽府志》卷十八・學校。

　　文縣儒學：成化六年分縣，弘治三年改建於縣治東，嘉靖三年拓修。文廟中爲大成殿，東西爲兩廡，前爲戟門，左爲魁星樓文昌閣。啓聖祠泮池在欞星門內。戟門左爲名宦祠，右爲鄉賢祠，祠前爲禮門，達明倫堂。堂後爲敬一亭，爲教諭宅，堂左右爲懷文、約禮二齋。〔註52〕

圖8.3.2　清代前期文縣學宮儒學圖

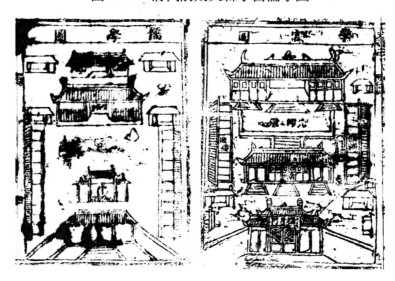

（資料來源：康熙《文縣志》）

　　馬邑縣儒學：正殿五間，東西廡各五間。大成門三間，外中泮池石橋。欞星門三間，外中照壁。崇聖祠三間。名宦祠三間，在大成門外左。鄉賢祠三間，在大成門外右。文昌祠在文廟西。明倫堂三間，文廟東。東西齋各五間。敬一亭三間，明倫堂後。教諭署，在明倫堂西。訓導署在東齋後。〔註53〕

　　廣昌縣儒學：嘉靖二十五年……重修改先師殿爲五楹，……隆慶二年……建尊經閣五楹於堂西北，增泮池於戟門前，磚砌上修石橋一座，……萬曆二十一年……明倫堂重修堂宇五楹，……新建鄉賢名宦二祠，……天啓元年移尊經閣於正北，……學道有右無左，天啓四年遷教諭宅於堂之艮，開學道於左以補其闕，……每見泮池緊在戟門下，嫌其理勢拘而弗展，且南向面壁於城又與魁星隔而未通，況門之東西毫無柵欄任憑騎者逕自往來，……又卜吉於西之畢，移泮池於前門迤東，西豎二坊以戒往來，南面向城開雲路

─────────────

〔註52〕康熙《文縣志》卷二·學宮。
〔註53〕雍正《朔平府志》卷四·學校。

以通魁星樓於城上，……明倫堂五楹，進德齋三楹，修業齋三楹，號房閣左右十二楹今廢，禮門義路堂之左右，教諭齋堂左，訓導齋堂右，庠門二座櫺星門東西，廟亭，先師廟五楹，昔日大成殿今日先師殿，東西廡十楹，神庫缺，神廚缺，戟門三楹，泮池戟門前磚甃上建石橋，櫺星門泮池前，門屏櫺星前，起鳳基闕，潛蛟池在基南，啓聖祠堂西北，鄉賢祠戟門西，名宦祠戟門東，尊經閣堂北，魁星樓學東南隅城上，敬一亭在明倫堂後嘉靖九年豐詔立〔註 54〕

圖 8.3.3　清代中期廣昌縣學宮圖

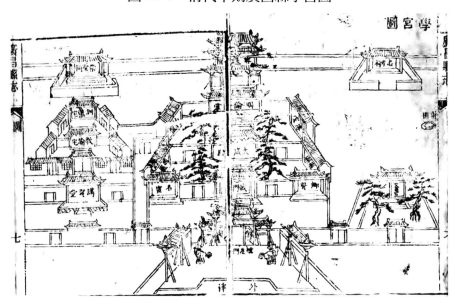

（資料來源：乾隆《廣昌縣志》）

　　懷仁縣儒學：在縣治北。大成殿三間，東廡七間，西廡七間，戟門三間，櫺星門三間，啓聖祠三間，在殿西，隆慶三年……建名宦鄉賢祠三間在戟門東，宰牲房一間在名宦前，建敬一亭三間，明倫堂三間，主敬齋五間，行恕齋五間，儀門三間，大門三間，掌教宅在明倫堂東，寢室三間，前廳三間，東耳房二間，建分教宅在櫺星門西，寢室四間，前廳三間，東書房一間，建泮池三孔在櫺星門前。〔註 55〕

　　山陰縣儒學：在縣治西。文廟在縣治西，大成殿五間，東西廡各五間，

〔註 54〕　崇禎《廣昌縣志》卷上。
〔註 55〕　萬曆《懷仁縣志》上，學校。

大成門三間，欞星門三間。〔註56〕

圖 8.3.4　明代山陰縣學儒圖

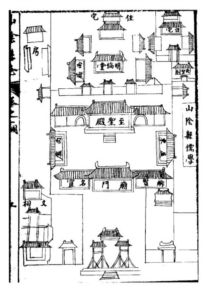

（資料來源：崇禎《山陰縣志》）

右圖 8.3.5　明代永寧縣學圖

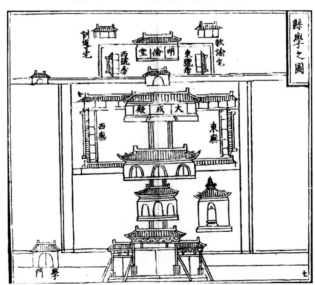

（資料來源：嘉靖《隆慶志》）

〔註56〕崇禎《山陰縣志》卷四・學校。

　　永寧縣儒學：大成殿三間，東廡五間，西廡五間，戟門三間，泮宮橋一座，欞星門一座，明倫堂五間，博文齋三間西向，約禮齋三間東向，學門一間，二門一間。教諭公廨在堂西，訓導公廨在教諭公廨右。號舍十間在博文齋後。射圃在堂東北繚以周垣，內構觀德亭三間南向。〔註57〕

　　順義縣儒學：大成殿三楹，東廡三楹，西廡三楹，戟門三間，內泮池橋三座在戟門外；欞星門有柵無檻；外泮池在欞星門外；影壁在泮池外；東角門，西角門俱在影壁兩旁；啟聖祠三楹；奎星樓，文昌祠三楹，名宦祠，鄉賢祠，明倫堂並兩廊齋房；教諭署，訓導署。〔註58〕

圖 8.3.6　清代後期遷安縣學宮圖

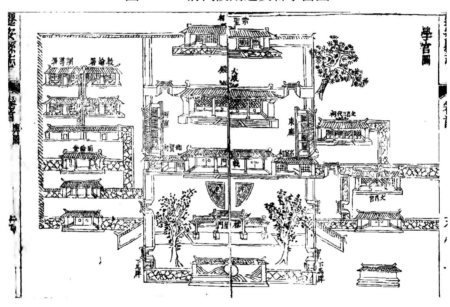

（資料來源：同治《遷安縣志》）

　　遷安縣儒學：在縣治東，學宮西，教諭署在前，訓導署在後，明倫堂五間，堂後敬一亭，前為儒學大門。〔註59〕學宮在縣治之左，中為大成殿三間，東西兩廡各五間，前為戟門，戟門東為名宦祠西為鄉賢祠，前為泮池有橋，又前為欞星門三楹，又前左右有門二，曰禮門，曰義路，又前為照牆繚垣焉。舊有文書房、祭器庫、齋宿所、更衣亭。廟東北建崇聖祠三楹，周以繚垣，

〔註57〕嘉靖《隆慶志》卷五。
〔註58〕康熙《順義縣志》卷一‧學校。
〔註59〕同治《遷安縣志》卷十‧公署。

東立射圃亭，廟後爲明倫堂五間，堂之前爲露臺甬道，東爲進德齋，西爲修業齋，堂後有敬一亭。名宦祠在戟門東，鄉賢祠在戟門西。〔註60〕

圖 8.3.7 清代中期玉田縣學宮圖

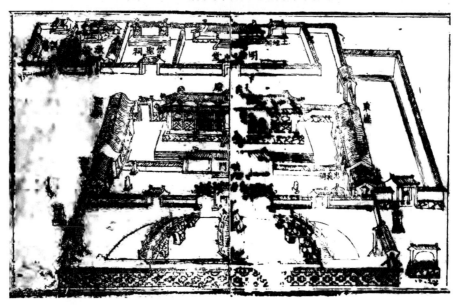

（資料來源：乾隆《玉田縣志》）

玉田縣儒學：先師殿東廡七間，西廡七間，戟門三間，櫺星門三間，泮池、照壁、圜橋，崇聖祠三間明倫堂西，名宦祠三間在東廡南，鄉賢祠三間在西廡南。土地祠在明倫堂東，儒學大門三間外有照壁，在廟東；儀門一間外扁禮門，內扁義路；明倫堂五間，進德齋三間在堂左廢；修業齋三間在堂右廢；敬一亭在堂東北廢；尊經閣五間在堂後廢；教諭署在崇聖祠西；訓導署在諭宅西。〔註61〕

三河縣儒學：前爲櫺星門，外東爲德配天地坊，西爲道貫古今坊，中爲戟門三楹，東爲名宦祠，西爲鄉賢祠，前爲泮池池上甃甓爲橋，內爲大成殿五間，周砌月臺，東西爲兩廡各五楹；啓聖祠在明倫堂東；學制：正殿後爲由道門，東西角門內爲明倫堂。〔註62〕

先師殿□間，東廡□間，西廡□間，戟門□間，東西角門各一

〔註60〕 同治《遷安縣志》卷十・學校。
〔註61〕 弘治《永平府志》卷三・公署。
〔註62〕 乾隆《三河縣志》卷三・學校。

間，櫺星門□間，御製敬一碑亭一間，明倫堂□間，兩齋共六間，
啓聖公祠□間〔註63〕

圖 8.3.8　清代中期三河縣學宮圖

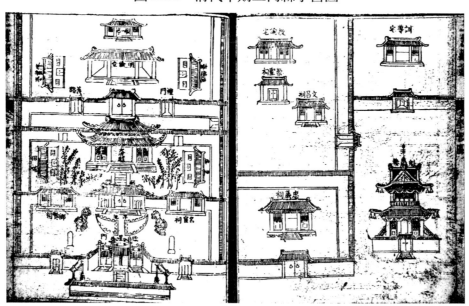

（資料來源：乾隆《三河縣志》）

　　平谷縣儒學：大成殿三間，東西廡各五間，戟門三間，櫺星門三座；明
倫堂三間在殿後，崇德齋三間在堂東側，廣業齋三間在堂西側；啓聖祠三間，
敬一箴亭三間，文昌祠三間在堂西側，教諭公廨訓導公廨俱在殿西；名宦祠
戟門外東；鄉賢祠戟門外西；射圃一所在學東南。〔註64〕

　　武清縣儒學：大成殿三間，東西廡各五間，戟門三間，泮橋三甕，影牆
一座，名宦祠三間，鄉賢祠三間，明倫堂五間，進德修業齋各五間，聚奎樓
一座。魁星樓一座。教諭衙一所，訓導衙一所，敬一亭三間。〔註65〕

　　　　先師殿明三間暗□間，東廡七間，西廡七間，戟門三間，東西
　　　　角門各一間，櫺星門三間，御製敬一碑亭□間，明倫堂五間，兩齋
　　　　東西共□間，尊經閣，啓聖公祠□間〔註66〕

〔註63〕　嘉靖《通州志略》卷二・學校。
〔註64〕　康熙《平谷縣志》卷一・學校。
〔註65〕　康熙《天津衛志》卷二・公署。
〔註66〕　嘉靖《通州志略》卷二・學校。

圖 8.3.9　清代中期武清縣學宮圖

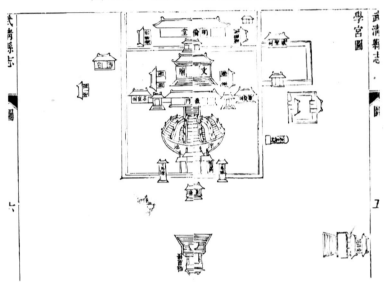

（資料來源：乾隆《武清縣志》）

圖 8.3.10　清後期圖良鄉縣學宮圖

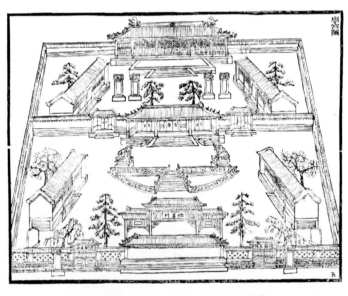

（資料來源：光緒《良鄉縣志》）

　　良鄉縣儒學：大成殿五間，殿迆東崇聖祠三間，殿前東西兩廡各五間，
大成門三間，門前名宦鄉賢祠各三間，泮池二，欞星門一，東西戟門二。文
昌殿三間在大成殿迆東……文昌殿迆南儒學大門一座，明倫堂五間，進德齋

三間，修業齋三間；教諭署在明倫堂後，廳三間，住房三間，廂房三間，書
房三間。訓導署在明倫堂東。〔註67〕

圖 8.3.11　清代前期撫寧縣儒學、文廟圖

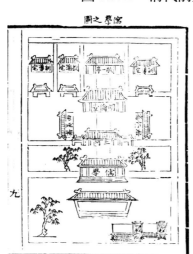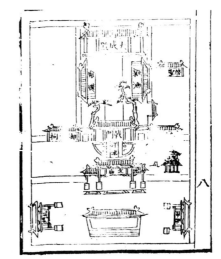

（資料來源：康熙《撫寧縣志》）

撫寧縣儒學：大成殿五間，建東西廡爲十間。爲櫺星門爲戟門皆一而三
爲持敬致潔門，左右皆一爲碑六覆以亭，增明倫堂三間爲重簷翼室，其旁爲
二齋，後爲饌堂，前爲儀門，又前爲大門，爲二樓曰興賢育才之樓，鑿地爲
泮池，有亭曰泮亭，爲井曰桂井，爲亭以習射，曰觀德之亭。……武成王廟
在明倫堂西。〔註68〕

　　大門三間，儀門三間，東西進德、修業齋，敬一亭三間，後三

　　間爲教諭公廨。東角門外爲訓導公廨。〔註69〕

豐潤縣儒學：敬一亭三楹；明倫堂三楹……增置小軒於前廣如堂以避暑
雨；進德齋三楹；修業齋三楹；大門三楹；講堂饌堂各三楹；號舍三十間；
教諭宅在堂西北；訓導宅二在堂東西；養賢倉三楹在堂西。射圃在學東，有
亭三楹。文廟：先師殿五楹；東西廡各五楹；戟門櫺星門各三楹；神廚庫各
三楹；宰牲亭三楹；尊經閣泮池橋學田均原缺。〔註70〕

〔註67〕 光緒《良鄉縣志》卷七‧學校。
〔註68〕 光緒《撫寧縣志》卷五‧學校，明李東陽《撫寧縣重修廟學記》。
〔註69〕 光緒《撫寧縣志》卷五‧學校。
〔註70〕 隆慶《豐潤縣志》卷五‧學校。

圖 8.3.12　明代豐潤縣廟學圖

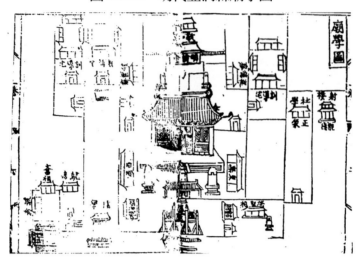

（資料來源：隆慶《豐潤縣志》）

表 8.3.1　明代北邊衛所城市之縣儒學主要建築規模情況

學　校	廟學關係	櫺星門（大門）	戟門（大成門）	大成殿（先師殿）	東西廡	大門	儀門（二門）	明倫堂	東西齋
玉田縣學〔註71〕	前廟後學	三間	三間	五間	各七間	三間	一間	五間	各三間
撫寧縣學〔註72〕〔註73〕	未詳	三間	三間	五間	各五間	三間	三間	三間	各五間
豐潤縣學〔註74〕	前廟後學	三間	三間	五間	各五間	三間	——	三間	各三間
三河縣學〔註75〕〔註76〕	前廟後學	三間	三間	五間	各五間	三間	——	三間	各三間

〔註71〕 弘治《永平府志》卷三‧公署。
〔註72〕 光緒《撫寧縣志》卷五‧學校，明李東陽《撫寧縣重修廟學記》。
〔註73〕 光緒《撫寧縣志》卷五‧學校。
〔註74〕 隆慶《豐潤縣志》卷五‧學校。
〔註75〕 乾隆《三河縣志》卷三‧學校。
〔註76〕 嘉靖《通州志略》卷二‧學校。

遷安縣學〔註77〕	東廟西學	三間	三間	三間	各五間	未詳	——	五間	各三間
武清縣學〔註78〕	前廟後學	——	三間	三間	各五間			五間	各五間
良鄉縣學〔註79〕	西廟東學	三間	三間	五間	各五間	未詳	——	五間	各三間
平谷縣學〔註80〕	前廟後學	三間	三間	三間	各五間	——	——	三間	各三間
順義縣學〔註81〕	未詳	未詳	三間	三間	各三間			未詳	未詳
遵化縣學〔註82〕	西廟東學	未詳	三間	三間	各十四間	未詳		五間	各五間
永寧縣學〔註83〕	前廟後學	一間	一間	三間	各五間	未詳	一間	五間	各三間
山陰縣學〔註84〕	前廟後學	三間	三間	五間	各五間		未詳	未詳	未詳
馬邑縣學〔註85〕	西廟東學	三間	三間	五間	各五間	三間	三間	三間	各三間
廣昌縣學〔註86〕	前廟後學	未詳	三間	五間	各五間			五間	各三間
懷仁縣學〔註87〕	西廟東學	三間	三間	三間	各七間	三間	三間	三間	各五間
神木縣學〔註88〕		三間	三間	五間	各九間				

〔註77〕康熙《天津衛志》卷七‧學校。
〔註78〕康熙《天津衛志》卷二‧公署。
〔註79〕光緒《良鄉縣志》卷七‧學校。
〔註80〕康熙《平谷縣志》卷一‧學校。
〔註81〕康熙《順義縣志》卷一‧學校。
〔註82〕康熙《遵化州志》卷三‧公署。
〔註83〕萬曆《永寧縣志》卷二。
〔註84〕崇禎《山陰縣志》卷四‧學校。
〔註85〕雍正《朔平府志》卷四‧學校。
〔註86〕崇禎《廣昌縣志》卷上。
〔註87〕萬曆《懷仁縣志》上，學校。
〔註88〕道光《神木縣志》卷三，學校。

| 環縣儒學〔註89〕 | 東廟西學 | 三間 | 三間 | 五間 | 各五間 | 未詳 | 未詳 | 三間 | 各三間 |
| 文縣儒學〔註90〕 | 東廟西學 | 未詳 | 未詳 | 未詳 | 未詳 | 未詳 | 未詳 | 未詳 | 未詳 |

　　通過對上述 20 個縣儒學實例的梳理，我們可以總結以下情況。

圖 8.3.13　明代北邊衛所城市州儒學主要建築常見規模等

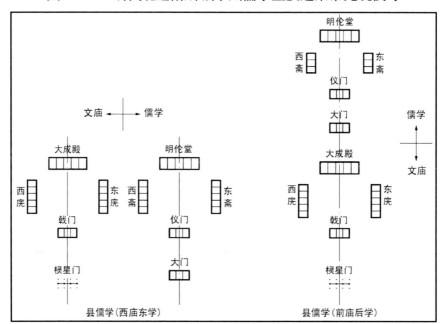

（資料來源：自繪）

　　第一，明確廟學位置關係的共 15 個實例，其中，前廟後學 8 例，西廟東學 4 例，東廟西學 3 例。明顯縣儒學中前廟後學的串聯布置情況更爲普遍，也一定程度上表明縣儒學的總體規模較府、州儒學小。

　　第二，文廟的主要建築規模。除永寧縣學一例均爲一間外，所見各縣學的櫺星門和戟門都是三間；而大成殿明確規模的有 17 例，其中，五間的有 10 例，其餘 7 例均爲三間；大成殿前東西兩廡大部分爲各五間，少數幾例爲各三、七、九間，遵化縣儒學較爲特殊，達到了十四間。

　　第三，儒學的主要建築規模。大門和二門常見爲一間或三間，由於很多

〔註89〕順治《慶陽府志》卷十八·學校。
〔註90〕康熙《文縣志》卷二·學宮。

州儒學採用了前廟後學的布局模式，也造成其儒學入口空間全面簡化；明倫堂建築規模有五間（7 例）和三間（5 例）兩種；明倫堂前多爲東西齋，各五間或三間者居多，還有三例爲明倫堂前有三或四學齋，十餘間左右。從實例情況來看，大部分縣儒學的主要院落規模相對偏小一些。

8.4　都司、衛、所儒學

8.4.1　創設過程

在已掌握的有關史料中，並沒有發現關於北邊衛所城市的都司、衛、所儒學建築規模的明確規制。但是，從洪武年間有都司、衛、所儒學建設的記載來看，關於衛、所有關儒學新建、改建、合併等事例的大量敘述當中，基本上都提到了儒學官員的設置問題。而且在明代之後的二百多年不斷建設中，衛、所等有關儒學很可能互相參照，並逐漸形成了某種共識的建築規模。

8.4.1.1　洪武始建

與前述北邊非實土衛所城市的府、州、縣儒學明初即普遍開設有所不同，實土衛所城市中的都司、衛、所儒學直到明洪武中期以後才開始慢慢逐漸起步建置。北邊衛所城市創設衛儒學最早的事例是在陝西都司的岷州衛，在洪武十七年四月，「甲午，置岷州衛軍民指揮使司儒學，設教授一員，訓導四員。〔註91〕」最早建置都司儒學的是在遼東都司，洪武十七年閏十月，「辛酉，置遼東都指揮使司儒學，設教授一員，訓導四員。金、復、海、蓋四州儒學，學正各一員，訓導各四員，教武官子弟，覆命皆立孔子廟，給祭器樂器以供祀事。〔註92〕」

> 十七年十一月庚午，命遼東立學校。上諭禮部曰：「或言：『邊境不必建學。』夫聖人之教，猶天也。天有風雨霜露，無所不施。聖人之教，亦無往不行。昔箕子居朝鮮，施八條之約，故男遵禮義，女尚貞信。管寧居遼東，講詩書，陳俎豆，飾威儀，明禮讓，而民化其德。曾謂邊境之民不可以教乎？況武臣子弟久居邊境，鮮聞禮教，恐漸移其性。今使之誦詩書，習禮義，非但造就其才，他日亦

〔註91〕《明太祖實錄》卷一百六十一，洪武十七年四月。
〔註92〕《明太祖實錄》卷一百六十七，洪武十七年閏十月。

可資用。」〔註93〕

六年之後，「洪武二十三年，詔置北平行都司儒學。尋邊衛咸置學，自大寧始。〔註94〕」這表明，儘管遼東都司在所有北邊衛所城市中率先建起了都司儒學，但是並非其所有下屬衛、所等能全部建學。這時，北平行都司（轄後軍都督府直隸）不僅建起了都司儒學，還全面在其所有轄衛都建置了儒學。

還是在洪武二十三年，緊鄰遼東都司和北平行都司的大寧都司也建置了衛儒學，「置大寧等衛儒學，教武官子弟設教授一員，訓導二員，仍遷識達達字者。〔註95〕」這裡的所謂「識達達字者」被「遷」一事，尚不清楚實情如何，但參照《明太祖實錄》的其他版本，此處有可能爲「選識達達字者」，如果真如此，此處當是指大寧等衛儒學有與邊外朵顏諸衛等交流的需求，對此內容會有所傳授。又過了五年，到洪武二十八年初，陝西行都司也建起了都司儒學，這裡值得關注的是，陝西行都司儒學的官員設置情況與府儒學是一致的。

> 庚子，陝西行都指揮使司指揮僉事張豫言：治所北濱邊塞，鮮有儒者，歲時表箋乏人撰書，武臣官子弟，多不識字，無從學問，乞如遼東建學立師。本司衛所官俸舊皆給鈔，由是各占田耕種，多役軍士，乞給祿米十之三，庶免役軍之弊，甘州等衛隸兵者多謫戍之人，例不給賞，然邊地苦寒，不產木綿，乞給衣布，以爲禦寒之具，逾年軍士逋負種糧積二千八百二十八石，貧不能償者乞免其徵。
>
> 從之。於是置陝西行都指揮使司儒學，設官如府學之制。〔註96〕

同樣是在洪武二十八年初，陝西都司也分別創設了多個衛儒學，「置寧夏衛及前、左、中屯四衛指揮使司儒學，各設教授一員，訓導二員。〔註97〕」這四個衛均建置在寧夏衛城，也就是說，此時在同一座北邊衛所城市裏竟然會有四個衛儒學，顯而易見，這樣可能有建置過度的嫌疑。沒過幾年，在寧夏衛城的這幾個衛儒學進行了調整，至永樂四年加以明確，「改陝西寧夏中屯等衛儒學爲寧夏等衛儒學。洪武中詔寧夏中屯及左右屯衛總設儒學一，置官品秩如府學，其印文曰寧夏中屯等衛儒學，至是，以中屯衛併入寧夏衛，故

〔註93〕〔清〕龍文彬《明會要》卷二十五・學校上・府州縣學。
〔註94〕〔清〕查繼佐《罪惟錄》卷二十六・學校志。
〔註95〕《明太祖實錄》卷二百四，洪武二十三年九月。
〔註96〕《明太祖實錄》卷二百三十六，洪武二十八年正月至二月。
〔註97〕《明太祖實錄》卷二百三十六，洪武二十八年正月至二月。

改爲寧夏等衛儒學，易其印，而官如故。〔註 98〕」這條記載中特別提到上述幾個衛儒學合爲一個總的衛儒學，其官員品秩的與府儒學一致，並與前面提到的都司儒學一致。當然，這也表明，一個衛單獨建的衛儒學，其官員品秩當不及府儒學。

　　另外，如果儒學官員品秩與儒學建築規模有所對應，那麼，我們也可以推測一衛單獨設立的衛儒學建築規模應當不及府儒學。

8.4.1.2　宣德調整

　　至宣德初年，儘管各地仍有衛儒學新建，如宣德二年又在陝西行都司創設西寧衛儒學等，〔註 99〕但是，朝廷逐漸著手對北邊衛所城市的儒學開始進行全面調整。在宣德四年，「重飭衛學，凡衛所，獨治一城者，特設衛學，教授一員，訓導二員，官舍曰武生，俊秀曰軍生，不給廩。其衛所與府州縣同治，不另設學，一體食廩，歲貢與民生同。」〔註 100〕之所以出臺這樣的規定，表明此前創設的很多衛儒學（含所儒學）存在運轉問題，很可能有盲目上馬重複建設的情形，這大概在非實土衛所城市也較爲突出，處於同一城市的多個儒學各行其是，條塊分割的問題必須解決。

　　至宣德七年，又詔置萬全都司學，「是年令衛所官舍軍餘俊秀者許入附近府、州、縣學聽赴本處鄉試，總兵都督譚廣奏請該鎮俱爲兵衛，無附近府縣，宜別置學。詔從之」〔註 101〕，至此，官辦儒學的創建使萬全都司的衛所軍士及子弟開始有機會登堂入室就學。而且，從廟學建置到貢制科取，以及職官配備等等都是奉旨按照當時通行的標準施行的，僅萬全都司治下，數十年間先後創建有永寧縣學、開平衛學、懷來衛學、隆慶衛學、龍門衛學、萬全左衛學、懷安衛學、萬全右衛學等。

> 　己卯行在吏部尚書郭璉等奏，比陝西按察司僉事林時言，各處衛所宜建學校，以教軍官子孫，臣等議得衛所與府、州、縣治相鄰者，令入府、州、縣學讀書；相遠者，或一衛所，或二三衛所，共設一學以教訓之。學有成者，聽赴本處鄉試。從之。〔註 102〕

　　就在宣德年間短短的十年裏，進行了更大規模的北邊衛所城市的官辦學

〔註 98〕　《明太宗實錄》卷六十二，永樂四年十二月。

〔註 99〕　《明宣宗實錄》卷三十四，宣德二年十二月。

〔註 100〕　〔清〕查繼佐《罪惟錄》卷二十六・學校志。

〔註 101〕　嘉靖《宣府鎮志》卷十八・學校考。

〔註 102〕　《明宣宗實錄》卷之八十八，宣德七年三月庚申朔。

校建設，依託衛、所周邊的府、州、縣學爲主，輔以幾個就近衛所合建學校，基本達到了衛所軍士子弟可在附近城市就學的目的。

8.4.1.3 正統定例

至正統年間，有兵部侍郎徐琦也奏請朝廷，在全國各地衛所普遍參照府、州、縣的模式建設學校，「軍衛無學校，琦請天下衛所視府州縣例皆立學。從之。」〔註103〕甚至有記載表明，在正統初年，此事便以成行，「宣德十年，英宗即位，詔天下衛所皆立學。」〔註104〕此時，相當於是經過了五十多年的辦學準備和試點，北邊以及全國衛所城市的官辦學校建置模式漸趨成熟，幾成定例，達到了「天下軍衛子弟多習儒業」的目的。

正統景泰年間，北邊衛所城市陸續又新建了不少衛儒學，也有些衛、所可能是由於儒學生冗員較多或不符合當時的定例要求而被裁革掉了。

丁未詔建直隸隆慶衛儒學。先是因陝西僉事林時所請，已除官降印，而未有廟宇堂齋，指揮胡綱以爲言，遂命建之。〔註105〕

設陝西永昌衛儒學，置官降印，從指揮同知高瑛奏請也。〔註106〕

設陝西行都司莊浪衛儒學署，教授一員，訓導二員，從本衛奏請也。〔註107〕

革密雲後衛儒學，從鎮守密雲署都指揮僉事王通等奏請也。〔註108〕

丙辰，提督宣府軍務右僉都御史李秉言：近奉裁革邊衛儒學，臣具奏蒙准武學不用牲，但行釋菜禮。〔註109〕

還有，成化年間新建衛儒學的記載：

成化十一年，設榆林、大同等六衛儒學。〔註110〕

開設陝西榆林、鎮番二衛儒學〔註111〕

〔註103〕欽定四庫全書，史部，正史類，明史，卷一百五十八。
〔註104〕〔清〕龍文彬《明會要》卷二十五·學校上·府州縣學。
〔註105〕《明英宗實錄》卷八十三，正統六年九月。
〔註106〕《明英宗實錄》卷一百十八，正統九年七月。
〔註107〕《明英宗實錄》卷一百四十六，正統十一年十月。
〔註108〕《明英宗實錄》卷一百七十七，正統十四年四月。
〔註109〕《明英宗實錄》卷二百四十三，廢帝郕戾王附錄第六十一，景泰五年秋七月。
〔註110〕〔清〕查繼佐《罪惟錄》卷二十六·學校志。
〔註111〕《明憲宗實錄》卷一百四十四，成化十一年八月。

復置密雲後衛指揮使司儒學，從巡撫右僉都御史楊繼宗奏請也。〔註112〕

建保安衛儒學。先是美峪守禦千戶所故有武學，正統十四年避虜他徙而廢，至是，鎮巡等官奏請復建，且言美峪與保安衛共城宜並為衛學。從之。〔註113〕

正德、嘉靖年間新建衛儒學的有：

己巳，建萬全右衛儒學，懷安及萬全左衛舊有武學，右衛軍生以就學懷安不便乞別建，儒學禮部議。從之。〔註114〕

建山西行都司威遠衛儒學，設訓導一員，生員不食廩，十年以上起貢如例。〔註115〕

辛丑設山西平虜衛儒學。〔註116〕

辛丑詔建遼東廣寧右屯衛儒學。〔註117〕

甲子建寧夏後衛儒學於花馬池營，取本衛寄業鎮城生員充之，設教授一員。〔註118〕

此外，可以推測，州儒學與衛儒學的規模應該差別不大。因為州儒學可以改成衛儒學，例如在洪武二十八年，「乙亥，改遼東金、復、海、蓋四州儒學為衛儒學，各設教授一員，訓導四員。〔註119〕」儘管具體轉換措施尚不清楚，但是規模差別應當不大。

8.4.2　實例情況

北邊衛所城市中的都司儒學雖然僅見遼陽儒學一例，但是通過與後面衛儒學的比較可知其規模並不算大，有可能是創建時間較早，規模尚無從參照的緣故。

遼陽儒學：都司治東南，元儒學舊基，在都司後。洪武辛酉開建今地，

〔註112〕《明憲宗實錄》卷二百六十四，成化二十一年四月。
〔註113〕《明武宗實錄》卷之六十一，正德五年三月丙辰朔。
〔註114〕《明武宗實錄》卷之六十三，正德五年五月乙卯朔。
〔註115〕《明世宗實錄》卷之九十六，嘉靖七年十二月戊辰朔。
〔註116〕《明世宗實錄》卷之一百十七，嘉靖九年九月丁亥朔。
〔註117〕《明世宗實錄》卷一百七十八，嘉靖十四年八月乙丑朔。
〔註118〕《明世宗實錄》卷之三百五十三，嘉靖二十八年十月丁酉朔。
〔註119〕《明太祖實錄》卷二百三十八，洪武二十八年四月至五月。

壬戌都指揮潘敬、葉旺創建，先師殿三間，東西廡各九間，戟門五間；戊寅建明倫堂五間，志道等四齋各三間，神廚九間，觀德廳三間；景泰癸酉御史謝燫建尊經閣四間；弘治壬子御史宗鑒建東西號房各十五間；戊午御史羅賢改建欞星門三間；正德乙亥御史劉成德設雅樂；嘉靖己丑御史王重賢拓其南方壘土爲山，鑿泮池；甲午御史常時平築臺增建尊經閣五間、敬一箴亭三間；丁酉御史史褒善重修殿廡堂齋，增新學坊三，東興賢，西育才，南化龍，增建教授宅一，訓導宅二，大門三間；辛丑御史胡文舉建名宦鄉賢二祠各三間於閣東；甲子仲春五月先師殿兩廡戟門俱災，御史黃襄重建。〔註120〕

　　都司治東南。先師殿三間，東西廡各九間，戟門五間；明倫堂五間，志道等四齋各三間，神廚九間，觀德廳三間；尊經閣三間；東西號房各十五間；欞星門三間；南方壘土鑿泮池；教授宅一，開導宅二，大門三間；名宦鄉賢二祠各三間於閣東；〔註121〕

　　我們不妨將遼陽儒學與下面的衛儒學並置加以比較。

8.4.2.1　衛儒學

圖8.4.1　清代後期鎮番縣（明代鎮番衛）文廟、儒學圖

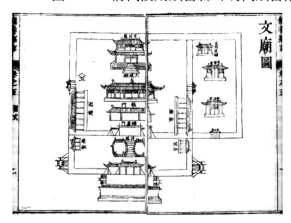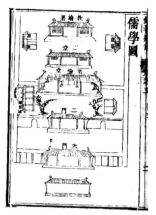

（資料來源：道光《重修鎮番縣志》）

　　關於北邊衛所城市中衛儒學的記載較多一些，可見如下實例：

　　鎮番衛學：南向大殿三楹前爲露臺，臺下東西兩廡各七楹，戟門三楹，欞星門三楹，門南泮池，東西角門各一，中建坊；崇聖祠在大成殿東，祠南

〔註120〕嘉靖《全遼志》卷一。
〔註121〕民國《遼陽縣志》卷三·城池公廨。

爲敬一亭；尊經閣在大殿北。〔註122〕

　　涼州衛學：照壁一，泮池一有橋，欞星門三楹，東名宦祠三楹，西鄉賢
祠三楹，戟門三楹，東禮門，西義路，大成殿五楹，兩廡各七，東西碑亭各
一；尊經閣五楹，下即崇聖祠。儒學在文廟西，大門三楹，土地祠一處，二
門三楹，東西角門各一，明倫堂五楹，東西齋房各五，敬一亭三楹，東西廂
各三，三堂樓五楹，東西廂各三。〔註123〕

　　永昌衛學：在縣治東北隅。至聖殿五間；東西兩廡十四間，神庫神廚各
三間，殿左魁星樓一座，殿後尊經閣一座，啓聖祠三間南向，正殿東北；敬
一亭在尊經閣左，戟門三間，名宦祠三間南向，鄉賢祠三間南向，忠孝祠三
間西向，東西碑亭二座，欞星門五間，泮池坊一座，文廟坊一座，聖道中天
坊一座，東西角門二間，明倫堂五間在正殿右，東西齋房十間，內宅十五間，
儀門一間，東西角門二間，大門三間。〔註124〕

　　寧夏中衛學：在文廟之右，教諭署堂室一十五間，訓導署堂室一十二間。
明倫堂在學署之前，堂五楹，東西齋房各六楹，大門儀門各四楹。大成殿六
楹兩廡各八楹，戟門四楹東西角門各兩楹，欞星門木坊一座〔註125〕

圖 8.4.2　清代後期山丹縣（明代山丹衛）聖廟圖

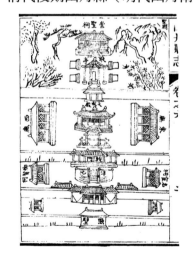

（資料來源：道光《山丹縣志》）

〔註122〕道光《重修鎮番縣志》卷五・學校考。
〔註123〕乾隆《武威縣志》卷一・公署。
〔註124〕乾隆《永昌縣志》卷三・公署。
〔註125〕乾隆《中衛縣志》卷二・學宮。

圖 8.4.3　清代中期天鎮縣（明代天城衛）學宮圖

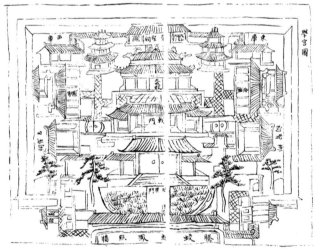

（資料來源：乾隆四年《天鎮縣志》）上南下北）

圖 8.4.4　清代後期洮州校署、學宮圖

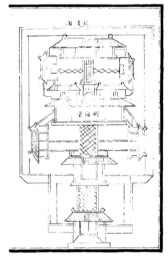

（資料來源：光緒《洮州廳志》）

　　岷州衛儒學：大成殿七間，東西廡各九間。戟門五間，欞星門三間。啓
聖祠三間，在正殿後。鄉賢祠在戟門外右，名宦祠左。魁星閣在欞星門外左。
神庫三間神廚三間，宰牲房七間。〔註 126〕儒學：明倫堂五間，教授公廨五

〔註126〕康熙《岷州衛志》壇廟。

間，東廂房三間，西廂房三間，東西號房各二間；訓導公廨一所，在明倫堂西，牌房三間，儀門一間，大門三間。敬一亭在廟後，泮池。〔註 127〕

天城衛儒學：先師殿三間，東西廡各十二間，戟門三間，欞星門三間，崇聖祠三間在正殿東北隅，文昌閣一座在崇聖祠後，名宦祠三間在戟門左，鄉賢祠三間在戟門右，大魁閣一座在學宮東，東坊一座，西坊一座。〔註 128〕

儒學署，在先師殿後，明倫堂五間，時習齋五間，日新齋五間，敬一亭三間，後堂三間，東西廂房各二間，過廳三間，小軒一間，吏房一間，圍房四間。〔註 129〕

大同右衛儒學：萬曆二十三年移建鼓樓東街，即今地。正殿五間，東西廡各五間，大成門三間，外中泮池，左右碑亭，欞星門三間，外照壁、牌坊、柵欄，崇聖祠三間，在文廟後東，名宦祠三間，在戟門外左，鄉賢祠三間，在戟門外右，魁星樓在戟門外東。明倫堂五間，文廟正殿後，東西齋□間，教諭署在學西，訓導署在學東。〔註 130〕

威遠衛儒學：嘉靖五年創建。正殿五間，東西廡各五間。大成門三間，外中泮池，石橋。欞星門三間，外東西牌樓。崇聖祠三間，在文廟東北。名宦祠、鄉賢祠在戟門左右。儒學明倫堂五間，文廟正殿後。東西齋各三間。尊經閣三間，明倫堂後。〔註 131〕

大同左衛儒學：萬曆間復改建於鼓樓西街，即今地。正殿五間，東西廡各十五間。大成門三間，外中泮池石橋。欞星門三間，外中照壁、牌坊柵欄。崇聖祠三間，在文廟東偏，名宦祠三間，在大成門左。鄉賢祠三間，在大成門右。文昌祠在文廟前。魁星樓在學門東。明倫堂五間，東西齋各三間。尊敬閣三間，在明倫堂後，講堂三間在尊經閣西。敬一亭在崇聖祠西。訓導署在明倫堂西。〔註 132〕

平虜衛儒學：嘉靖三時期年移建今縣治東。正殿五間，東西廡各七間。大成門三間，外中泮池，東西陳設房。欞星門三間，外照壁。崇聖祠三間，在明倫堂東。名宦祠三間，在大成門左。鄉賢祠三間，在大成門右。明倫堂

〔註 127〕康熙《岷州衛志》公署。
〔註 128〕乾隆四年《天鎮縣志》卷三・學校。
〔註 129〕乾隆四年《天鎮縣志》卷三・公署。
〔註 130〕雍正《朔平府志》卷四・學校。
〔註 131〕雍正《朔平府志》卷四・學校。
〔註 132〕雍正《朔平府志》卷四・學校。

三間，東西齋各三間。敬一亭三間。訓導署在明倫堂西。〔註133〕

　　陽和衛儒學：大門在廟東，上有帝君閣，稍進爲二門，再進西入則爲明倫堂三間，兩傍庫房二間，堂下東西齋房各五間，前有春風化雨坊，後有尊經閣三間。……堂西則爲學署正屋三間，西小樓一間，東西小房各三間，外有書房三間，院內小東房一間，西院小書房一間。文廟舊在閣西，成化十八年建，萬曆三十一年改建於東門之陽，外有大照壁一座，欞星門三間門內有石橋，下即爲泮池，再進則爲大成門，門外東爲名宦祠，西爲鄉賢祠，內正北爲先師殿三楹，下有東西廡各七間。崇聖祠三間在文廟之東北，嘉靖七年又建敬一亭三間於崇聖祠之後。〔註134〕

圖8.4.5　清中期臨榆縣（山海衛）學宮圖

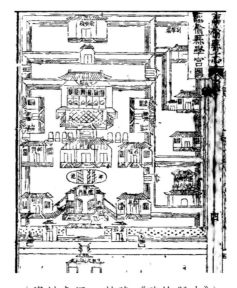

（資料來源：乾隆《臨榆縣志》）

　　山海衛儒學：在衛治之右，中爲明倫堂，堂之東西爲文成齋，武備齋，暨舊號舍各三間，又前爲先師殿，殿前東西爲兩廡，廡前爲戟門，戟門前爲泮池池上橫石橋，右爲神廚，前爲摘星閣，欞星門；門左爲學門，門內道左號舍六區各三間，中一區爲學倉，明倫堂後爲敬一亭，又後爲啓聖祠，教官廨二，廨西爲射圃。〔註135〕

〔註133〕雍正《朔平府志》卷四・學校。
〔註134〕雍正《陽高縣志》卷四・學校。
〔註135〕嘉靖《山海衛志》卷三・建置。

在衛城西，正統七年建。大成殿三間，東西廡十間，戟門三間，欞星門三間，明倫堂三間，東西齋六間，訓導宅一所。〔註136〕

在衛治西，正統七年創建。大成殿五間。東西廡各五間。戟門三間。欞星門三間。號房東西各六間。教官宅一所。觀德廳一所。〔註137〕

懷安衛儒學：大成殿三間，東西廡二十二間，東西後角門二間，戟門二間，泮池，欞星門三間，金聲玉振坊一，江漢秋陽坊一，殿東北崇聖祠三間，戟門外東偏名宦祠三間，□□祠三間，省牲所三間，戟門外西偏鄉賢祠三間，土地祠三間，更衣所三間，殿後明倫堂五間，東西齋房十間，堂後敬一亭三間，正房一間，東西□門二間。〔註138〕

圖 8.4.6　清代中期懷安縣（明代懷安衛）文廟圖

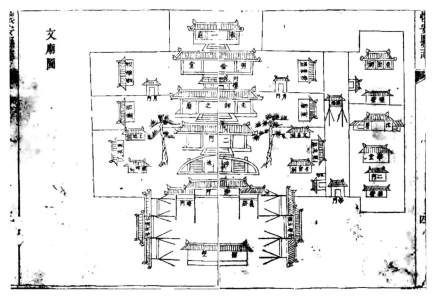

（資料來源：乾隆《懷安縣志》）

龍門衛儒學：大成殿三間，東西廡各三間，神廚庫、欞星門、戟門、當衢興賢坊、崇化坊。後明倫堂三間，左居仁齋，右由義齋，堂東有藏書之室，堂西為遊息之所，學社，射圃。以上俱弘治年間原制。萬曆丁酉年，啓聖祠

〔註136〕弘治《永平府志》卷七‧學校。
〔註137〕弘治《永平府志》卷五‧兵制。
〔註138〕乾隆《懷安縣志》卷六‧城池。

在橋門外東偏，敬一亭移建于大成殿後東，啓聖祠一間西，敬一亭一間。戟門外左名宦祠一間，右鄉賢祠一間，又大成殿坊一座。明倫堂後正宇三間，廂房三間，又堂側一間，俱衛儒學官舍。〔註 139〕

萬全右衛儒學：先師廟大成殿三間，高一丈六尺，深三丈；東廡八間，西廡八間，高一丈，深一丈五尺；戟門三間，高一丈，深一丈六尺；欞星門一座三闕，高一丈八尺，寬三丈。泮池長二丈六尺廣一丈，泮橋一座，長二丈七尺五寸，廣六尺八寸，東德配天地坊，西道冠古今坊，各高一丈二尺五寸，廣九尺。崇聖祠三間在正殿東，高九尺，深一丈三尺；名宦祠三間在戟門左，鄉賢祠三間在戟門右，各高九尺，深一丈六尺；明倫堂五間，高一丈一尺，深二丈八尺；敬一亭三間，高八尺五寸，深一丈八尺；東齋房五間，西齋房五間，各高九尺五寸，深一丈五尺。〔註 140〕

圖 8.4.7　清代中期萬全縣（明代萬全右衛）文廟圖

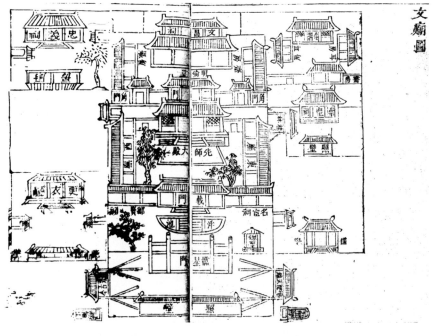

（資料來源：乾隆《萬全縣志》）

隆慶衛儒學：文廟正殿五間，兩廡各五間，戟門三間，欞星門一座，明

〔註 139〕康熙《龍門縣志》卷七・學校。
〔註 140〕乾隆《萬全縣志》卷二・學校。

倫堂五間，博文齋五間，約禮齋五間，教官私宅東西二所，二門三間，大門一座。敬一箴亭一座。社學一所在儒學左，正堂三間，左右書館各三間，大門一空。武社學一所在儒學右，正堂三間，左右書館各三間，後房三間，前大門三間。〔註141〕

　　廣寧衛儒學：金遼以前莫考，元置廣寧路儒學在廣寧右衛西北，元季毀於兵，國朝設儒學仍舊址，正統辛酉都御史王翱改建今會府之右，先師殿六間，東西廡各六間，戟門五間，欞星門三間，明倫堂五間，東西齋各六間，西號房十間，教授宅一，訓導宅三，大門三間，二門一間，正德間都御史劉憲建號舍二十間，嘉靖戊子都御史潘珍鑿泮池於欞星門外，引大惠泉注之，癸巳巡按御史常時平立敬一碑亭於明倫堂後，甲寅東廡災，巡撫蘇志皋並修儒學，甲子巡撫王之誥巡按御史楊柏分巡僉事張邦土會議建鄉賢名宦二祠於戟門外，東西兩廂祀如制，學坊一曰泮宮。〔註142〕

圖 8.4.8　清代中期懷來縣（明代懷來衛）學宮圖

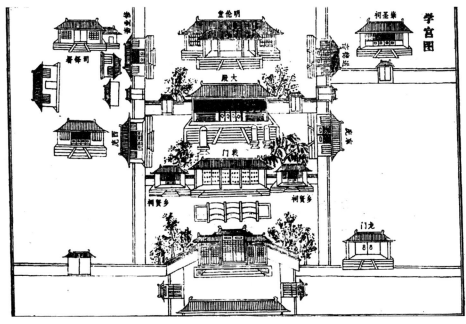

（資料來源：康熙《懷來縣志》）

〔註141〕萬曆《居庸關志》卷四・學校。
〔註142〕嘉靖《全遼志》卷一。

表 8.4.1　明代北邊衛所城市之都司、衛儒學主要建築情況

學校	廟學關係	欞星門	戟門	大成殿（先師殿等）	東西廡	大門	儀門（二門）	明倫堂	東西齋
遼陽儒學〔註143〕	未詳	三間	五間	三間	各九間			五間	四齋各三間
廣寧衛學〔註144〕	東西關係	三間	五間	六間	各六間	三間	一間	五間	各六間
山海衛學〔註145〕	前廟後學	三間	三間	三間	各五間				各三間
天津衛學〔註146〕	前廟後學	三間	三間	三間	各十一間	三間	三間	五間	各三間
隆慶衛學〔註147〕	未詳	未詳	三間	五間	各五間	未詳	三間	五間	各五間
懷安衛學〔註148〕	前廟後學	三間	二間	三間	各十一間			五間	各五間
懷來衛學〔註149〕	前廟後學	三間	三間	三間	未詳			五間	未詳
龍門衛學〔註150〕	前廟後學	未詳	未詳	三間	各三間			三間	未詳
萬全右衛學〔註151〕	前廟後學	三間	三間	三間	各八間			五間	各五間
天城衛學〔註152〕	前廟後學	三間	三間	三間	各十二間			五間	各五間
大同右衛學〔註153〕	前廟後學	三間	三間	五間	各五間			五間	未詳

〔註143〕民國《遼陽縣志》卷三·城池公廨。
〔註144〕嘉靖《全遼志》卷一。
〔註145〕弘治《永平府志》卷七·學校。
〔註146〕康熙《天津衛志》卷二·公署。
〔註147〕萬曆《居庸關志》卷四·學校。
〔註148〕乾隆《懷安縣志》卷六·城池。
〔註149〕依據康熙《懷來縣志》學宮圖。
〔註150〕康熙《龍門縣志》卷七·學校。
〔註151〕乾隆《萬全縣志》卷二·學校。
〔註152〕乾隆四年《天鎮縣志》卷三·學校。
〔註153〕雍正《朔平府志》卷四·學校。

大同左衛學〔註154〕	前廟後學	三間	三間	五間	各十五間			五間	各三間
威遠衛學〔註155〕	前廟後學	三間	三間	五間	各五間			五間	各三間
平虜衛學〔註156〕	前廟後學	三間	三間	五間	各七間			三間	各三間
陽和衛學〔註157〕	西廟東學	三間	未詳	三間	各七間	未詳	未詳	三間	各五間
寧夏中衛學〔註158〕	東廟西學	未詳	四間	六間	各八間	四間	四間	五間	各六間
鎮番衛學〔註159〕	未詳	三間	三間	三間	各七間	三間	三間	五間	各七間
涼州衛學〔註160〕	東廟西學	三間	三間	五間	各七間	三間	三間	五間	各五間
永昌衛學〔註161〕	東廟西學	五間	三間	五間	各七間	三間	一間	五間	各五間
岷州衛學〔註162〕	東廟西學	三間	五間	七間	各九間	三間	一間	五間	各三間

可以同樣按照前述府、州、縣儒學的研究方式加以分析，通過對上述衛儒學實例加以梳理（寧夏中衛儒學的規模略特殊需單獨討論），可以總結出以下情況：

第一，都司級的遼陽儒學並不比衛儒學的規模更大。

第二，明確廟學位置關係的共 17 個實例，其中，前廟後學 10 例，廟、學為東西關係者有 7 例。很明顯，衛儒學中前廟後學的串聯布置情況也較為普遍，而且很可能其總體規模不會超過州儒學。

第三，文廟的主要建築規模。所見各衛學的欞星門和戟門大部分都是三間，有個別實例將其中一門增大為五間等；而大成殿明確規模的有 19 個實例，

〔註154〕雍正《朔平府志》卷四·學校。
〔註155〕雍正《朔平府志》卷四·學校。
〔註156〕雍正《朔平府志》卷四·學校。
〔註157〕雍正《陽高縣志》卷四·學校。
〔註158〕乾隆《中衛縣志》卷二·學宮。
〔註159〕道光《重修鎮番縣志》卷五·學校考。
〔註160〕乾隆《武威縣志》卷一·公署。
〔註161〕乾隆《永昌縣志》卷三·公署。
〔註162〕康熙《岷州衛志》壇廟。

其中，五間以上的有 10 例，其餘 9 例均爲三間；大成殿前東西兩廡大部分爲各五、六、七、八、九、十一、十二、十五間不等。

　　第四，儒學的主要建築規模。大門基本都是三間，而儀門常見爲一間或三間；明倫堂建築規模在 19 例中，除 3 個爲三間外，其餘均爲五間；明倫堂前多爲東西齋，各五間或三間者居多，還有幾例略多一點。

　　第五，關於寧夏中衛儒學。我們發現這個實例中的幾乎所有主要建築的房間間數都是偶數，且比大部分常見衛學的一般間數都多且僅多一間。究竟是何原因使然，尚不明確。

圖 8.4.9　明代北邊衛所城市都司、衛儒學主要建築常見規模

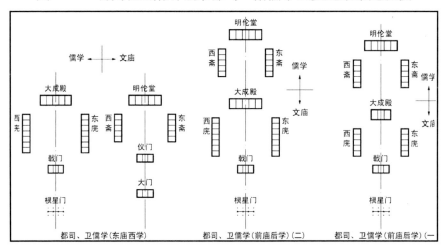

（資料來源：自繪）

8.4.2.2　所儒學

　　關於明代北邊衛所城市中所儒學的一些情況，我們掌握有以下五個實例可加以討論：

　　紫荊關學〔註163〕：弘治四年建立，正殿三間，東西兩廡六間，大門三間。嘉靖十五年添設後堂書館三間，東西廂房六間，住房三間，大門外牌坊一座。

　　寧武所學：先師殿東西兩廡，前戟門，泮池，左名宦祠，右鄉賢祠，南欞星門，左文昌閣，右奎星樓，外玲瓏磚照壁，後明倫堂，左右進德修業兩齋，前小坊，堂後尊經閣，左右啓聖祠，敬一廳，訓導宅在明倫堂東。〔註164〕

〔註163〕《西關志・紫荊關》卷三・學校。
〔註164〕康熙《寧武守禦所志》・學宮。

偏關儒學：廟學舊制大成殿大成門各五間，欞星門牌樓三間，東西廡各二十四間，庫廚六間，居仁由義磚門二座，明倫堂五間，東西齋房十二間，學官公廨二十六間，生員講習三所六十間，共百餘楹。〔註165〕

靈州所學：大成殿七間，東西廡各九間，戟門三間，東西角門外更衣廳三間，省牲所三間，名宦祠三間鄉賢祠三間，泮池環橋一座，上有坊，欞星門三間，照壁一座，門東有聖域義路坊門西有閒關禮門坊，崇聖祠舊在廟東，旁有敬一亭。尊經閣一座在廟西，明倫堂五間在閣東，東西齋房各五間，儀門三間，東西角門各一間，大門三間，學正署在後。〔註166〕

古浪所學：大成殿四楹，尊經閣四楹，啟聖祠四楹，即在尊經閣下，東西廡各六楹，戟門四楹，東西儀門各二楹，鄉賢名宦祠各四楹，省牲所小四楹，更衣廳小四楹，欞星門四楹，泮池一處，圜橋一座，照壁一座，東西柵門各二楹。儒學署在文廟左，上書房四楹，廂房廚房各三楹，明倫堂四楹，東西齋房各四楹，儀門二楹，東西角門各一楹，學書房二楹，門斗房二楹，大門二楹。〔註167〕

高臺所儒學：在文廟西。正誼堂三間，東西書房六間，儀門一，東西小門二。文廟在城東北隅。大成殿五間，兩廡東西各一十一間，戟門三門三間，旁設東西小門二，泮池在戟門前為弦月形。明倫堂在大殿後正中五間，左天德齋，右王道齋各三間，敬一亭在明倫堂後正中三間，啟聖祠三間在敬一亭東。名宦祠三間在學宮內戟門東，鄉賢祠三間在學宮內戟門西。〔註168〕

表 8.4.2　明代北邊衛所城市之所儒學主要建築規模情況

學校	廟學關係	欞星門（大門）	戟門（大成門）	大成殿（先師殿）	東西廡	大門	儀門（二門）	明倫堂（書館）	東西齋
紫荊關學〔註169〕	前廟後學	三間	——	三間	各三間	——		三間	各三間

〔註165〕乾隆《寧武府志》卷四‧學校。
〔註166〕嘉慶《靈州志蹟》卷一‧公署學校志。
〔註167〕乾隆《古浪縣志》卷四，建置志。
〔註168〕民國《新纂高臺縣志》卷三‧衙署。
〔註169〕《西關志‧紫荊關》卷三‧學校。

寧武所學〔註170〕	前廟後學	未詳	未詳	未詳	未詳	——	——	未詳	未詳
偏關儒學〔註171〕	前廟後學	三間	五間	五間	各二十四間	——	——	五間	各六間
靈州所學〔註172〕	東廟西學	三間	三間	七間	各九間	三間	三間	五間	各五間
古浪所學〔註173〕	西廟東學	四間	四間	四間	各六間	二間	二間	四間	各四間
高臺所學〔註174〕	東廟西學	未詳	三間	五間	各十一間	未詳	未詳	五間	各三間

圖 8.4.10　明代北邊衛所城市所儒學主要建築常見規模等

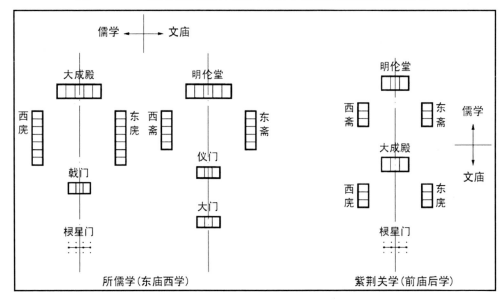

（資料來源：自繪）

由上表可知：

第一，廟學位置關係為前廟後學的有 3 例，西廟東學 1 例，東廟西學 2 例。

〔註170〕康熙《寧武守禦所志》·學宮。
〔註171〕乾隆《寧武府志》卷四·學校。
〔註172〕嘉慶《靈州志蹟》卷一·公署學校志。
〔註173〕乾隆《古浪縣志》卷四，建置志。
〔註174〕民國《新纂高臺縣志》卷三·衙署。

第二，其中古浪所儒學主要建築的情況與前述寧夏中衛儒學的偶數、并多一間的規模有類似之處。

最後，由於實例數量有限，關於其文廟和儒學的主要建築規模情況，尚難以找尋出明顯的規律性來。但是，同前述衛儒學相比，所儒學的規模也與之相差無幾。

8.5 武　學

8.5.1 創設過程

在明初，明太祖朱元璋爲治平天下，倡導民風不宜過度尚武，便未設獨立的武學，而是在儒學中開設武藝科目，希望通過文武互相促進，並避免人才文武分途。雖然不斷有大臣建議，卻始終未建置武學。

> （洪武二十年）禮部奏請如前代故事立武學、用武舉，仍祀太公建昭烈武成王廟。上曰：太公周之臣封諸侯，若以王祀之則與周天子並矣，加之非號必不享也，至於建武學用武舉，是析文武爲二途，自輕天下無全才矣，三代之上，古之學者，文武兼備，故措之於用無所不宜，豈謂文武異科，各求專習者乎？即以太公之鷹揚而授丹書，仲山甫之賦政而式古訓，召虎之經營而陳文德，豈比於後世武學，專講韜略不事經訓，專習干戈不閑俎豆，拘於一藝之偏之陋哉！今又欲循舊用武舉立廟學，甚無謂也，太公之祀止宜從祀帝王廟，遂命去王號，罷其舊廟。〔註175〕

但是，在全國整體和平，但局部又大規模戰事不斷的背景下，治兵之才漸漸缺乏，以儒學統武教的效果往往又使修武之能漸漸低下，社會呼聲普遍認爲不置武學弊大於利，不斷有大臣向朝廷建議開設。

其一，缺乏武備人才。從明初到明代中後期，社會人力資源需求形勢有所變化，人才所趨，由應戰尚武漸漸轉爲治平崇文，治兵修武的總體水平降低。又在兩京以下設武學以育將材。

其二，世襲武官子弟不堪任用。需要通過武學教育各衛官員的世襲子弟，避免養尊處優，而長大成人不堪其職位。「無武學教養，率縱恣驕惰，宜申明

〔註175〕《明太祖實錄》卷一百八十，洪武二十年七月。

法制，廣設武學，以教將領子弟，使知禮義忠孝之道，韜鈐紀律之宜」〔註176〕，設立武學以達到教世冑而儲將材的目的。

於是，在南北兩京先設立了武學，「建文四年，始置京衛武學。〔註177〕」選送各相關衛所一定級別的武職襲官子弟就學。一說是在稍晚的時候，「正統六年，設京衛武學。」〔註178〕後來還興武舉以開科取士，「天順初，特設武舉。後間一舉行。」〔註179〕

> 正統間南北京併天下邊衛俱設武學，以教武臣子弟，使知忠君
> 孝親之道，用兵制勝之術，誠保邦之良圖，固國之至計也。〔註180〕

其後，不晚於萬曆年間，又在遵化、密雲、永平這三座北邊衛所城市建設「邊衛」武學，「密雲、遵化、永平設武學鑄給印信各一顆。」〔註181〕經過多年的辦學試點，又逐次將武學建置推向了全國相當一部分衛所城市，使五府各衛所應襲子弟可就近入學肄業，並進一步擴大了就學衛所子弟的範圍。

> 自正統以來，天下軍衛子弟多習儒業。其勳戚子孫襲爵者習禮
> 肄業於國子監。至各衛幼官暨子弟未襲職者，在兩京並建武學，如
> 京府儒學之制。〔註182〕

> （成化）九年，命都司衛所應襲子弟，年十歲以上者，提學官
> 選送武學讀書。無武學者，送衛學或附近儒學。〔註183〕

就制度來看，當與儒學差距不大，通常的情況是十歲左右入學之後，學儒學經典，兼學韜略，「都指揮等幼官及嗣子送武學，各講讀大小學、論、孟、武經七書、百將傳及大誥。」〔註184〕十五歲以後，習弓馬武藝等。因此，從學業教程來看，雖然是另建武學，但其實都是儒學化的。因此，我們認為，武學的規模也應當與儒學具有相當的接近之處。

> 太祖皇帝開國功臣、太宗皇帝靖難功臣，子孫世襲其爵，年幼
> 者給全俸養之。置武學教之，書史稍長，俾習武藝，俟其成人，然

〔註176〕《明世宗實錄》卷之一百二十五，嘉靖十年五月甲申朔。
〔註177〕〔清〕查繼佐《罪惟錄》卷二十六‧學校志。
〔註178〕〔清〕龍文彬《明會要》卷二十五‧學校上‧府州縣學。
〔註179〕〔清〕查繼佐《罪惟錄》卷二十六‧學校志。
〔註180〕《明英宗實錄》卷之二百九十六，天順二年冬十月乙卯朔享。
〔註181〕《明神宗實錄》卷之十七，萬曆元年九月戊寅朔。
〔註182〕〔清〕龍文彬《明會要》卷二十五‧學校上‧府州縣學。
〔註183〕〔清〕龍文彬《明會要》卷二十五‧學校上‧府州縣學。
〔註184〕《明武宗實錄》卷之九十三，正德七年冬十月辛丑朔享。

後任以事。〔註185〕

　　也正是由於教學主體相當地儒學化，武學生文科科目優良，願應文舉者，還可以參加文科科舉考試以求功名。

> 　　若武學之設，太祖是敕罷，而建文中設於京衛，於是文武分。
> 而成化中竟比文科鄉會兩試。〔註186〕

　　儘管如此，武學的教育效果一直並不盡人意，往往既不被特別重視，且教修相關法度的規範性不強，甚至包括武舉的年限、方式都在不斷變化。直到明末，「崇禎十年，令天下府、州、縣學皆設武學生員，提官一體考取」〔註187〕，各地儒學也轉向文武生兼修，武學也就沒有最終推行至全國衛所城市。

> 　　明自分縉紳、介冑兩途，失洪武中不設武學之意，而兵以漸非
> 所急而弱。又督制等官，以文綜武，非其所習，而益弱。國初，令
> 功臣就大學，是勸武習文，亦即勸文不易武至意。是後，感武事之
> 衰，另祀武成王，而武學特建，意與文埒。然文之勢，處無事時自
> 尊，武學如無有也。〔註188〕

　　關於武學的規模和較詳細情況，除了在史料中的一些北邊衛所城市的武學實例，我們還可以通過成化元年四月申定的十五則武學學規來考察。

> 　　庚寅京衛武學請定學規，以憑訓誨生，徒兵部奏宜準舊規斟酌
> 增減行下兩京武學令各遵守訓誨，上從之。學規凡十五則：一武學
> 舊明倫堂及居仁、由義、崇禮、弘智、惇信、勸忠六齋，今後每日
> 早教授訓導升堂序坐，幼官子弟序立揖，分列東西對揖，然後退伺，
> 訓導還齋畫卯，授書、背書、寫仿，如遇會講之日，各齋訓導升堂，
> 其幼官子弟如前分班序立聽講；一幼官子弟所讀之書，《小學》、《論
> 語》、《孟子》、《大學》內取一，《武經七書》、《百將傳》內取一，人
> 習二書，每日總授不過二百字，有志者不拘必須熟讀，三日一溫，
> 就於所讀書內取一節講說大義，使之通曉，每日辰時初刻入學，春、
> 夏、秋三季未時未散，冬月申時散；一幼官子弟中年有長大者，難
> 於讀誦，惟令五日一集聽講，其會講之日，教授、訓導咸在內，輪

〔註185〕《明宣宗實錄》卷十三，宣德元年正月。
〔註186〕〔清〕查繼佐《罪惟錄》卷十八‧又論。
〔註187〕〔清〕龍文彬《明會要》卷二十五‧學校上‧府州縣學。
〔註188〕〔清〕查繼佐《罪惟錄》卷二十‧兵志總論。

一員以《大誥》、《武臣》、《歷代臣監》、《百將傳》及古今名臣嘉言善行內採取；一升堂講說務在垣直明白，令人易曉，各官子弟齊班只揖立聽，有未曉者，許其請問，再爲解說，務使粗知大義，講罷只揖而散，其年幼者一體隨後聽講；一幼官子弟日寫仿紙一張，率以百字爲度，有志者不拘；一幼官子弟有事請假，先自訓導，以達教授，明立假簿，量事繁簡緩急定與限期，依限赴學；一都指揮等官聽講之日，遇有公差及當操之時皆湏報知本學，明注簿籍，事畢仍前會講，其幼官子弟內有領隊管隊者，如遇操練之時，分作兩班，輪流下教場，三日一換，亦湏報知本學，明注簿籍，操畢仍前赴學，不該操者仍舊在學；一朝廷設武學以教武職子弟，正欲期於有用，今後總兵官與兵部堂上官必湏每月一次輪流下學稽考勤怠，以示勸懲；一都指揮等官雖見授三品四品職事，每日在學讀書聽講之時，及與教官出入相見之祭，當執子弟禮，毋或輕慢有乖禮義；一教官所以表儀後學，必正其衣冠，謹於言行，使學者有所觀瞻，不許放肆怠惰，麄暴輕率，有失師範之體；一都督以下子弟原有冠帶者，本等冠帶，未冠帶者，悉照順天府學生員俱要儒巾儒服，不許穿戴常人服巾，與眾混淆；一本學置紀過簿一扇，都指揮等官有違學規者，教官以言訓飭，不從者明書其過，三次不改者，聽總兵官與兵部堂上官，下學之日稟之量爲懲戒，其幼官子弟有違者，教官必湏從容誘掖開導，使其以漸而入，不可急迫，有失教法；一都督以下子弟中間，文學優長有志科舉者，聽於京闈鄉試其都指揮等官，果有武藝熟閒，長於智謀者，許各該府衛從公禮薦以憑照例會官試驗弓馬策略；一調提學校風憲官下學悉依憲綱禮儀其勉勵官員子弟照順天府學一體稽考勤怠量加警飭毋致廢弛一凡遇每月朔望放假一日，遇初二十六日，教官率諸幼官子弟於城外附近空地演習弓馬；一教官及武職子弟廩饌，每人月給食米三斗。〔註 189〕

8.5.2　實例情況

關於北邊衛所城市武學的實例並不多，加上搜集整理的武廟等相關實例一同羅列如下：

〔註189〕《明憲宗實錄》卷十六，成化元年四月。

　　天津衛武學（武廟）：武成王廟三間，東廡三間，西廡三間，仰聖門三間，東名宦祠三間，西鄉賢祠三間，腳門二座，櫺星門三間，啓聖祠三間，明倫堂三間，儲英毓秀齋三間，進德修業齋三間，涼亭一座。〔註190〕

圖 8.5.1　　清代前期天津衛武廟圖

（資料來源：康熙《天津衛志》）

圖 8.5.2　　清代前期天津衛城內文廟圖

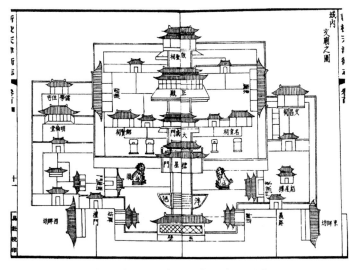

（資料來源：康熙《天津衛志》）

〔註190〕康熙《天津衛志》卷二・公署。

　　同城的天津衛儒學（文廟）：大成殿三間，東廡十一間，西廡十一間；戟門三間，欞星門三座；明倫堂五間，講堂五間，志道齋三間，據德齋三間，依仁齋三間，遊藝齋三間；啓聖祠五間；文昌祠三間；名宦祠三間，鄉賢祠三間，齋宿房三間，大門三間，二門三間，神庫三間，射圃一所，東西號房各三間；教授公廨一所，訓導公廨一所。〔註 191〕

　　遵化縣武學：隆慶五年……建順永武學，凡三學一在遵化，取應襲官舍入學，中爲武成王廟三楹，兩廡各五楹爲儀門爲前門，廟後爲明倫堂五楹，左右齋房各六楹，堂右爲科正宅，廟東爲學門二各一楹。〔註 192〕

　　秦州武廟：

圖 8.5.3　明代永平府武學圖　　　　圖 8.5.4　清代前期撫寧縣武廟圖

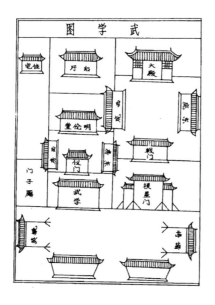

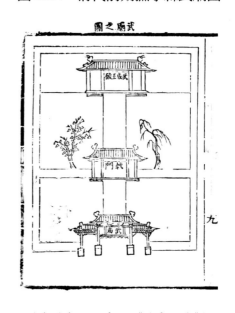

（資料來源：萬曆《永平府志》）　　　（資料來源：康熙《撫寧縣志》）

〔註 191〕康熙《天津衛志》卷二・公署。
〔註 192〕康熙《遵化州志》卷三・公署。

－322－

圖 8.5.5　清代中期秦州武廟圖

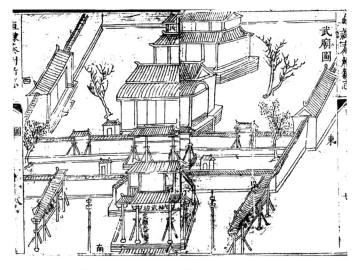

（資料來源：乾隆《直隸秦州新志》）

甘州府武廟：

圖 8.5.6　清代中期甘州府武廟圖

（資料來源：乾隆《甘州府志》）

　　遵化縣儒學：先師殿三楹，左右為廡二十八楹，前戟門三楹，前泮池有三石橋，南為欞星門，又南為學壁數仞，廟東為儒林，門殿後為明倫堂五楹，旁列二齋曰崇德曰廣業各五楹，堂後為尊經閣，堂東建敬一亭，……亭後建

啓聖祠三楹，祠東增置魁星樓三楹，翼以耳房各一楹，樓前爲洗心亭三楹，堂後西北爲教諭宅，堂前西南爲訓導宅，迤而南爲名宦鄉賢祠各三楹，再南爲號舍二十八間，廟之東南爲文昌閣三楹，有儀門有大門，學制恢弘。〔註193〕

　　遼陽還有一座武書院：都司治西北，中堂五間，東西號房各十間，觀德廳三間，箭樓一座。大門三間，武弁群英坊一。」〔註194〕就遼陽武書院的整體形制來看，雖然不如儒學規模完整，但是其正殿達到了五間，不亞於武學。

表 8.5.1　北邊衛所城市武學相關實例以及同城儒學等主要建築情況

學　校	廟學關係	前門（大門）	儀門（二門）	大殿	東西廡	大門	儀門（二門）	明倫堂	東西齋
甘州府武廟〔註195〕	未詳	一間	三間	三間	未詳				
遼陽武書院〔註196〕	未詳					三間	未詳	五間	各十間
遵化縣武學〔註197〕	前廟後學	未詳	未詳	三間	各五間	——	——	五間	各六間
遵化縣儒學〔註198〕	西廟東學	未詳	三間	三間	各十四間	未詳		五間	各五間
天津衛武學〔註199〕	前廟後學	三間	三間	三間	各三間	——	——	三間	各三間
天津衛學〔註200〕	前廟後學	三間	三間	三間	各十一間	三間	三間	五間	各三間

　　所見武學的廟學位置關係明確者，遵化縣武學和天津衛武學均爲前廟後學，表明其規模都不算大。

　　就武學等主要建築的規模而言，其武廟大殿（祀武成王）規模基本都是三間，相對於前述各文廟而言，是最小的規模；施教化的明倫堂五間、三間

〔註193〕康熙《遵化州志》卷三·公署。
〔註194〕民國《遼陽縣志》卷三·城池公廨。
〔註195〕康熙《遵化州志》卷三·公署。
〔註196〕康熙《遵化州志》卷三·公署。
〔註197〕康熙《遵化州志》卷三·公署。
〔註198〕康熙《遵化州志》卷三·公署。
〔註199〕康熙《天津衛志》卷二·公署。
〔註200〕康熙《天津衛志》卷二·公署。

者俱有；各門房的規模也多爲三間。

遵化縣和天津衛的武學與其同城的儒學相比，總體規模都略偏小一些，尤其表現在大殿前東西兩廡間數要小得多，其佔地規模都不大。

8.6 小 結

官辦學校作爲明代城市中的重要建築類型，受到明王朝統治者尊孔崇儒思想的影響，不僅一貫重文輕武，而且反映在各級儒學布局規制上也是重廟輕學。在這樣的社會背景下，北邊衛所城市中的官辦學校又深受「科舉必有學校」和「科舉取士，務得全才」兩種觀念的影響，從而在學校的創設和規模上呈現出一定特點。

本章分別對府、州、縣儒學和都司、衛、所儒學以及武學的相應實例展開研究，可知：

（1）各級儒學的基本布局大致有前廟後學和廟學並列（包括東廟西學或西廟東學）兩種情況。府儒學由於規模較大，以廟學並列的布局爲主；而衛、所儒學由於規模相對較小，而更多採取前廟後學的軸線串聯關係。

（2）儒學之廟、學的主要建築分別爲櫺星門、戟門、大成殿（先師殿）、東西廡等和大門、儀門、明倫堂、東西學齋等。各級儒學基本一致，僅前廟後學的布局時，明倫堂前之門有所簡化。

（3）中軸線主要建築的規模，就某一等級而言，一般均以文廟爲主，序列完整；而儒學部分根據各城市教育規模要求有所差異。不同等級的儒學並沒有明顯的建築規模等級關係。

（4）武學儘管在北邊衛所城市日漸受到關注，但在明代最終也未能形成制度推行於全國，而始終處於從屬於儒學的地位，其主要建築規模有限。

第9章 結 論

9.1 明代北邊衛所城市平面形態特點

在明代北邊衛所城市體系的形成過程中，有關大的軍事方針調整和作戰方略改變，都有牽一髮而動全身的影響效果。北邊各地區的衛所城市建置發展往往受到一些歷史事件的重大影響。

其一，在洪武初年，隨著明軍兵進北方推翻元朝統治，兵鋒所指之處多就地築城設衛所，其中的很多衛所城市直到明末都是北邊的重要防禦要點和戰略支柱。

其二，洪武二十五年（1391）前後，配合諸王就藩於北邊各地，掀起了一個北邊衛所城市建設鞏固的高潮，各地區的很多核心或中心城市就是在此時被強化發展起來的。

其三，永樂元年（1403），明成祖朱棣將大寧之地賜予兀良哈，給北邊原有的外邊防禦形勢造成了重大缺陷，並由此每況愈下，大寧以北的興和、開平東勝等地其後相繼撤守，使遼東、順永保、宣大山西等地區的外邊防線徹底崩潰，並致使這些地區許多原先處於內地的衛所城市臨邊，又不得不相繼新建置了大批衛所城市。至宣德年間，北邊防禦全面扭轉為守勢。其中，棄東勝，更對此後河套地區的防禦形勢造成潛在危機。

其四，正統年間，土木堡驚變，使明廷對北邊衛所城市體系重新審視，並將其進行重要調整和彌補。

其五，成化年間，河套喪失，使得宣大山西地區以西的北邊衛所城市被迫進行結構重組。

其六，嘉隆萬諸朝，北邊各地衛所城市在戰火中基本發展完善。

關於北邊衛所城市分佈情況

本文研究發現北邊衛所城市的一個共同特點是各衛所城市之間的間距分佈均勻，並且衛所城市體系呈現了間距均勻化和聯繫網絡化的傾向。而且相當多的明代新築衛所城市之間的間距都在 60 里以內，或者使用了 60 里左右這樣一個衡量軍隊每日行軍強度的指標，來作爲城堡配置間距的確定基數。本文認爲這應當不是個巧合，而是當時的指揮決策者給出的沿邊衛所城市分佈的理想狀態，考慮到各城間相互應援的便利，即各衛所城市之間，勁旅一日或較短的時間可達。這也是使一些直臨敵衝的必爭之地保持穩固的無奈之舉。例如上述城市周圍的腹內之地——面臨敵情稍緩和一些的地區，往往會加大間距爲 90～120 里或更多。不同地區也存在與城市密度相關的間距差異，相對來說，陝西各邊地區的城市間距普遍較大，這與明代以前此地區的城市密度較低，地幅遼廣，自然條件、經濟條件有限等有關。

關於城市街道的平面模式

在明代北邊衛所城市中，最常用的城市平面形態爲方形，而內部主要街道採用與城門對應的十字街通衢是最基本的城市布局模式，實例較多。在此基礎上，城市的街道平面模式還常見簡單型、十字街型、丁字街型、錯位十字街型和複雜型五種，各地區差異不大。可見一些特殊個例，如增開城門、增築城垣等情況。

關於城牆規模與城門數量

北邊衛所城市正城的城門數量與城牆的周回規模往往具有明確的正相關關係。儘管城市規模（包括人口、產業規模等）可以很大，但達到一定城市規模後，其軍事防禦要求往往制約了商業等城市經濟職能，在滿足最低的內外溝通需求的前提下，此時的城門數基於防禦的考慮已經不可能再增加。這些衛所城市非常注意內外交通的封閉性，反映了其主要軍事職能，也在某種程度上體現所在邊地承受了極大的軍事防衛壓力。

北邊衛所城市城牆的周回規模與駐防軍隊規模總體往往也呈正相關關聯，這是一個廣泛的接近性趨勢。但不同地區情況差別很大，而且特例也較多。例如遼東都司衛所城市較大規模的城池周回規模與其轄千戶所數目（或認爲是每千名軍士）是基本對應的，這樣的軍隊配置規模某種程度上有更久

遠的如「三里之城，萬家守之足矣」等觀念，這顯然不是巧合，可能反映的
是冷兵器時代城市設防規模與防守兵力規模的對應關係。

　　相當一部分衛所城市的城牆高度，與城牆是否有舊城基有一定關聯。城
牆高度最高的重要城市城垣往往都有舊城基。這樣的現象很可能反映了當時
北邊衛所城市城池建設的水平受到舊城基址的較大影響，具體來說，就是在
工程技術水平相同的情況下，興建在舊城基上的城池，容易建得更高。而明
初在新地築城的一批衛所城市，其建設過程受到臨戰要求迫切、經濟條件不
佳等客觀條件的限制，城池建設效果一般。達到較高的城牆高度，還可能與
一些建置有衛所的府、州、縣城市建設經費和人力資源充足有關。

　　關於主要建築的分佈方位

　　通過已掌握實例的全面統計，分析北邊衛所城市主要建築的建設分佈方
位所見慣例趨勢。其中，厲壇位於城外正北向，風雲雷雨山川壇在城外正南
向，這在各地區並無差異，也與其頒制規定是一致的。

　　遼東地區趨勢基本明確的有城隍廟，在城內正西者居多。

　　順永保地區實例顯示明確的有：社稷壇在城外西北向、正北向居多；城
隍廟多在城內在西北向和正西向。

　　宣府、大同、山西三關地區基本明確的有：社稷壇在城外正西向；城隍
廟在城內西南向。

　　陝西各邊地區的社稷壇在城外正西向、正北向的居多。

　　假如可以將西北、正北、正西統稱為西北方向的話，那麼，本地區的社
稷壇主要分佈在城外西北方向的情況堪稱為一種趨勢，並且與洪武頒制「設
於城西北」關聯。此外城隍廟的分佈地域性較強，並無各地區統一的起因，
也基本與社稷壇的分佈方位無直接關聯。

9.2　明代北邊衛所城市主要建築規模特點

　　基於明代「修政教，敘人倫」的社會文化理解，本文對北邊衛所城市必
有主要建築公署、壇壝和學校，通過有關史料中有關這些建築的間數規模整
理展開討論。強調其制度來源一致性可以最大限度地克服地域性差異。

　　關於主官公署

　　實土衛所城市的衛、所作為最基本的兼管地方軍政和行政的機構；非實

土衛所城市的衛、所作爲最基本的地方軍政主管機構，與對應的同城設置的府、州、縣地方行政機構並存。同城的軍、地公署的規模可能會相互參照等級。公署建築的基本制式未見系統的規制，但無論主官品秩基本維持了統一的院落布局模式，署邸合一，前堂後寢，院落沿南北向軸線布置，各級公署主要門、堂的規模開間主要由其品秩爲確定依據，但並非完全落實，少見僭越，多隨宜從簡。主要門、堂的規模開間確定會適應主要院落功能的需求。

關於主要壇壝

北邊衛所城市的壇壝實際建置主要是參照府、州、縣的壇壝系統，社稷壇、風雲雷雨山川壇、厲壇三種主要壇壝等級

規模內容均對明初所頒制度有所因循並常有地方特色的改進意圖，周圍（垣）規模更多是因地制宜而爲，總體有對相應制度加以簡化或縮小規模的建設趨勢。考慮到特定的征戰特點，對厲壇的建設也相當重視。

關於官辦學校

官辦學校的創設及規模是衡量北邊衛所城市及配套設施建設的一個重要因素。由於衛、所儒學的建置條件是其所在城市中並無府、州、縣儒學，因此，府、州、縣及衛、所儒學的規模分類會較爲明確。

府儒學基本布局關係常見爲廟、學各依中軸線東西並排布置方式，這是由於府學的廟、學各自規模都比較大，前後串聯布置佔地要求較高，不易實現。州、縣儒學與府儒學在門、堂等正面主要建築規模上並無絕對的差別，只是由於祭祀規模和生員招收數量的差異導致文廟大成殿和儒學明倫堂的東西兩廂建築的間數有較大差別，從而造成這兩座主要建築前圍合的院落空間大小不同導致府、州、縣儒學的規模等級差異，儘管這種等級差異並無明確的制度規定，但是在儒學建築營造的過程中，受到其使用功能需求、城市經濟級別等影響因素的客觀制約，而成爲了按需、按功能建設的得體建築。

同時由於相當一部分州、縣儒學選擇了小的建築規模，則在現實中又實現了前廟後學的布局模式，也造成其儒學入口儀式空間全面簡化，並且加強了廟、學作爲建築整體的序列感，並爲明嘉靖以後的廟學改制和增添其他兩翼建築提供了更爲豐富的空間可能。

一個衛單獨建的衛儒學，其官員品秩當不及府儒學。實例所見衛、所儒學規模相差無幾，前廟後學的串聯布置較爲普遍，其總體規模實際不會超過州儒學。衛、所儒學的創建使衛所軍士及子弟開始有機會登堂入室就學。而

且，從廟學建置到貢制科取，以及職官配備等等都是奉旨按照當時通行的標準施行的，基本達到了衛所軍士子弟可在附近城市就學的目的。另外，以儒學統武教的效果往往又使修武之能漸漸低下，明代武學的教育效果一直並不盡人意。

9.3　有待深入的方面

通過數年來對歷史文獻進行「皓首窮經」式地整理爬梳，筆者試圖用「後見之明」嘗試構建一個可能的歷史解釋框架，以容納儘量大涵蓋範圍的歷史事實，權且作為一種較為合理的推證和解答，其核心內容就是讓有關歷史事實得以被這個設定的框架所解釋。今後在有關方面仍有可以不斷深入的空間。

關於相關文獻史料的繼續搜集整理。例如明清地方志是需要我們繼續大力挖掘的史料寶庫。在本文研究中，雖然已經進行了地毯式的爬梳搜尋整理，但在歷史文獻的鑒別和點校難題面前仍無法避免錯漏，需要不斷的校核和改進。不僅如此，筆者對於歷史文本的真偽判定比較，以及既有歷史解釋構圖的考辨校訂等艱深事業目前尚且無力給予更多的關照，但是，讓史料「說話」，努力實現「歷史學高貴的夢想」，卻總是我們共同的心之所望。

此外，相關地方史志材料中仍然有一些年代久遠價值不菲的珍本孤本，有可能對本文研究的很多未定論問題可以帶來極大的突破，但是就筆者現有能力和財力而言尚無從觸及，因此在一些重要實例的選取上仍有大量未盡人意之處，需要以後不斷地積累和解決，今後仍然很可能會獲得耳目一新的研究成果。

關於有關城市建築遺存的探訪。對明代北邊衛所城市與建築遺存的探訪和實地考察是筆者至今未能實現的夢想。儘管已知有一些仁人志士開始著手此廣泛的田野調查的工作和文物建築的調查和資料收集工作，但是筆者深知這是一項需要筆者本人和無數同仁甚至需要幾代人不斷繼續的宏圖偉業。

關於未展開研究的其他建築類型。由於歷史文獻記載的匱乏和非系統性，需要投入更多精力對本文研究以外的建築類型給予更多關注，包括進行更深入的文獻和有關建築遺存的調研，並不斷關注有關文物遺存的發現和發掘，以及讓有關已埋地下的明代歷史遺跡重見天日，並且期待在今後的歲月

中得以不斷揭示發現以便能展開更加系統的研究。

　　毋庸置疑，行走中的我們，總是一刻不斷地處在逼近歷史真相的途中。

參考文獻

一、普通古籍

1. 兵部，九邊圖說，明隆慶三年刻本。

2. 曹學佺，蜀中廣記，／／景印文淵閣四庫全書，591～592 冊，臺北：臺灣商務印書館，1983。

3. 陳子龍，明經世文編，北京：中華書局，1962。

4. 陳久德，《皇明名臣經濟錄》卷十七《論都司書》，四庫禁燬書叢刊影印北京師範大學圖書館、青海省圖書館藏明嘉靖二十八年刻本，北京：北京出版社，2000 年版。

5. 陳仁錫，皇明世法錄，／／王鍾翰，四庫禁燬書叢刊（史 15），北京：北京出版社，2000。

6. 董越，朝鮮雜志，／／四庫全書存目叢書（史 255），濟南齊魯書社，1996。

7. 范成大，攬轡錄，叢書集成初編，上海：商務印書館，1936。

8. 何景春，遼陽縣古蹟遺聞，民國十五年（1926 年）遼陽縣立第七小學鉛印本。

9. 胡廣等，明太祖實錄，臺北：中央研究院歷史語言研究所，1962。

10. 李時勉等，明太宗實錄，臺北：中央研究院歷史語言研究所，1962。

11. 李時勉等，明宣宗實錄，臺北：中央研究院歷史語言研究所，1962。

12. 柯潛等，明英宗實錄，臺北：中央研究院歷史語言研究所，1962。

13. 傅瀚等，明憲宗實錄，臺北：中央研究院歷史語言研究所，1962。

14. 毛紀等，明孝宗實錄，臺北：中央研究院歷史語言研究所，1962。

15. 陳經邦等，明世宗實錄，臺北：中央研究院歷史語言研究所，1962。

16. 張惟賢等，明神宗實錄，臺北：中央研究院歷史語言研究所，1962。

17. 脫脫等，宋史，北京：中華書局，1977。

18. 宋濂等，元史，北京：中華書局，1976。

19. 張廷玉等，明史，北京：中華書局，1974。

20. 趙爾巽，清史稿，北京：中華書局，1976。

21. 谷應泰，明史紀事本末，上海：上海古籍出版社，1994。

22. 顧炎武著，黃汝成集釋，欒保羣等點校，日知錄集釋，上海：上海古籍出版社，2006。

23. 高岱，鴻猷錄，上海：上海古籍出版社，1992。

24. 葛寅亮，金陵梵刹志，民國二十五年（1936 年）金山江天寺影印本。

25. 黃佐，南雍志，臺灣：偉文圖書出版社，1976。

26. 黃宗羲，明夷待訪錄·方鎮，北京：古籍出版社，1955 年。

27. 黃訓，名臣經濟錄，／／景印文淵閣四庫全書，443 冊，臺北：臺灣商務印書館，1983。

28. 金幼孜，金文靖集，／／景印文淵閣四庫全書，1240 冊，臺北：臺灣商務印書館，1983。

29. 孔憲易校注，如夢錄，鄭州：中州古籍出版社，1984。

30. 勞堪，憲章類編，／／北京圖書館古籍出版編輯部，北京圖書館古籍珍本叢刊（46），北京：書目文獻出版社，1998。

31. 李林甫撰，陳仲夫點校，唐六典，北京：中華書局，1992。

32. 李賢，明一統志，／／景印文淵閣四庫全書，472～473 冊，臺北：臺灣商務印書館，1983。

33. 林堯俞等，禮部志稿，／／景印文淵閣四庫全書，598 冊，臺北：臺灣商務印書館，1983。

34. 林俊，見素集，／／景印文淵閣四庫全書，1257 冊，臺北：臺灣商務印書館，1983。

35. 劉若愚，明宮史，北京：北京古籍出版社，1980。

36. 陸釴，病逸漫記，／／四庫全書存目叢書編纂委員會編，四庫全書存目叢書（子 240），濟南：齊魯書社，1995。

37. 馬端臨，文獻通考，上海：商務印書館，1936。

38. 錢希言，遼邸紀聞，／／陶珽編，說郛續，卷十八，清刻本。

39. 申時行等，明會典，北京：中華書局，1989。

40. 沈榜，宛署雜記，北京：北京古籍出版社，1982。

41. 宋端儀，立齋閒錄，／／四庫全書存目叢書編纂委員會編，四庫全書存目叢書（子 239），濟南：齊魯書社，1995。

42. 孫承澤，春明夢餘錄，北京：北京古籍出版社，1992。

43. 陶宗儀，南村輟耕錄，北京：中華書局，1959。

44. 王樵，方麓集，／／景印文淵閣四庫全書，1285 冊，臺北：臺灣商務印書館，1983。

45. 王世貞，弇山堂別集，／／景印文淵閣四庫全書，409～410 冊，臺北：臺灣商務印書館，1983。

46. 王世貞，弇州四部稿，／／景印文淵閣四庫全書，1279～1281 冊，臺北：臺灣商務印書館，1983。

47. 王鴻緒，明史稿，臺北：文海出版社，1962。

48. 夏言，南宮奏稿，／／景印文淵閣四庫全書，429 冊，臺北：臺灣商務印書館，1983。

49. 蕭洵，故宮遺錄，／／北平考故宮遺錄，北京：北京出版社，1963。

50. 熊夢祥，析津志輯佚，北京：北京古籍出版社，1983。

51. 徐弘祖著，朱惠榮校注，徐霞客遊記校注，昆明：雲南人民出版社，1985。

52. 徐學聚，國朝典匯，／／四庫全書存目叢書編纂委員會編，四庫全書存目叢書（史 264），濟南：齊魯書社，1996。

53. 葉盛，水東日記，北京：中華書局，1980。

54. 佚名，太常續考，／／景印文淵閣四庫全書，599 冊，臺北：臺灣商務印書館，1983。

55. 佚名，金陵玄觀志，民國二十六年（1937 年）南京國學圖書館影印本。

56. 于慎行，谷山筆塵，／／四庫全書存目叢書編纂委員會編，四庫全書存目叢書（子 87），濟南：齊魯書社，1995。

57. 余繼登，典故紀聞，顧思，點校，北京：中華書局，1981。

58. 于敏中等編纂，日下舊聞考，北京：北京古籍出版社，1983。

59. 允祹，欽定大清會典，／／景印文淵閣四庫全書，619 冊，臺北：臺灣商務印書館，1983。

60. 朱元璋，皇明祖訓，／／四庫全書存目叢書編纂委員會編，四庫全書存目叢書（史 264），濟南：齊魯書社，1996。

61. 朱元璋，明太祖皇帝欽錄，故宮文獻季刊，1970，1（4）：71～112。

62. 朱勤美，王國典禮，／／北京圖書館古籍出版編輯部，北京圖書館古籍珍本叢刊（59），北京：書目文獻出版社，1998。

63. 鄭玄注，賈公彥疏，李學勤主編，周禮注疏，北京：北京大學出版社，1999。

64. 查繼佐，罪惟錄，杭州：浙江古籍出版社，1986。

65. 朱國禎，湧幢小品，北京：中華書局，1959。

66. 朱誠泳，小鳴稿，∥景印文淵閣四庫全書，1260 冊，臺北：臺灣商務印書館，1983。

67. 周復俊，全蜀藝文志，∥景印文淵閣四庫全書，1381 冊，臺北：臺灣商務印書館，1983。

68. 張唐英，蜀檮杌，∥景印文淵閣四庫全書，464 冊，臺北：臺灣商務印書館，1983。

69. 張鹵，《皇明制書》卷十六《大明官制·萬全都司》，續修四庫全書影印明萬曆七年張鹵刻本，上海：上海古籍出版社，1995 年版。

二、地方志

1. 張欽纂修，大同府志，明正德十年刻，清嘉靖間補刻本。

2. 胡文燁等纂修，雲中郡志，清順治九年刻本。

3. 吳輔宏修，王飛藻纂，大同府志，清乾隆四十一年修，四十七年重校刻本。

4. 黎中輔纂修，大同縣志，清道光十年刻本。

5. 胡元朗纂修，天鎮縣志，清乾隆四年刻本。

6. 張坊纂修，天鎮縣志，清乾隆十八年刻本。

7. 房裔蘭修，蘇之芬纂，陽高縣志，清雍正七年刻本。

8. 袁大選修，李翼聖纂，左雲縣志，清雍正七年修，嘉慶八年增修抄本。

9. 劉士銘修，王霨纂，朔平府志，清雍正十一年刻本。

10. 侯樹屏修，方書裔續修，朔州志，清順治十七年刻，康熙十二年增刻本。

11. 汪嗣聖修，王霨纂，朔州志，清雍正十三年刻本。

12. 劉以守纂修，山陰縣志，明崇禎二年刻本。

13. 楊守介纂修，懷仁縣志，明萬曆二十九年刻本。

14. 李長華修，姜利仁纂，汪大浣續修，馬蕃續纂，懷仁縣新志，清光緒九年刻，三十一年增補續刻本。

15. 趙之韓修，王瀋初纂，渾源州志，明萬曆三十九年刻本。

16. 張榮德纂修，渾源州志，清順治十八年刻本。

17. 王有容修，田蕙纂，應州志，明萬曆二十七年刻本。

18. 宋予質修，王繼文纂，馬邑縣志，明萬曆三十六年刻本。

19. 秦擴修，霍燩纂，馬邑縣志，清康熙四十一年修，四十四年刻本。

20. 來臨纂修，蔚州志，明崇禎八年抄本∥殷夢霞選編，日本藏中國罕見地方志叢刊續編（1），北京：北京圖書館出版社，2003。

21. 李英纂修，蔚州志，清順治十六年刻本。

22. 劉世治修，趙文耀纂，廣昌縣志，明崇禎三年刻本。

23. 杜登春修，李我郊纂，廣昌縣志，清康熙三十年刻本。

24. 畢恭等修，任洛等重修，遼東志，明正統八年修，嘉靖十六年重修刻本。

25. 李輔等修，陳絳等纂，全遼志，明嘉靖四十五年刻本。

26. 楊鑣修，施鴻纂，遼陽州志，清康熙二十年修抄本。

27. 裴煥星、王煜斌修，白永貞等纂，遼陽縣志，民國十七年鉛印本。

28. 管鳳龢、陳藝等修，張文藻等纂，海城縣志，清光緒三十三年修，宣統元年鉛印本。

29. 廷瑞、孫紹宗修，張輔相纂，海城縣志，民國十三年鉛印本。

30. 趙宇航、程廷恒修，黎鏡蓉等纂，撫順縣志略，清宣統三年石印本。

31. 張克湘修，周之禎纂，撫順縣志，民國二十年修抄本。

32. 洪汝沖纂修，昌圖府志，清宣統二年鉛印本。

33. 查富機編，昌圖府鄉土志，清光緒四十三年修抄本。

34. 程道元修，續文金纂，昌圖縣志，民國五年鉛印本。

35. 賈弘文修，董國祥等纂，鐵嶺縣志，清康熙二十一年增刻本，民國二十三年鉛印《遼海叢書》本。

36. 馮瑗纂，開原圖說，明萬曆間纂抄本。

37. 劉起凡修，周志煥纂，開原縣志，清康熙十七年修，民國二十三年鉛印《遼海叢書》本。

38. 駱雲纂修，蓋平縣志，清康熙二十一年修，民國二十三年鉛印《遼海叢書》本。

39. 喬德秀編，南金鄉土志，清宣統三年修，民國二十年石印本。

40. 程廷恒修，張素纂，復縣志略，民國九年石印本。

41. 馬龍潭、沈國冕等修，蔣齡益纂，鳳城縣志，民國十年石印本。

42. 劉源溥、孫成修，范勳纂，錦州府志，清康熙二十一年修，民國二十三年鉛印《遼海叢書》本。

43. 王奕曾修，范勳纂，錦縣志，清康熙二十一年修，民國二十三年鉛印《遼海叢書》本。

44. 陶應潤、溫廣泰編，義州鄉土志，抄本。

45. 趙興德等修，薛俊昇、王鶴齡等纂，義縣志，民國二十年鉛印本。

46. 項蕙修，范勳纂，廣寧縣志，清康熙三十一年修，民國二十三年鉛印《遼海叢書》本。

47. 張鑑唐、劉煥文修，郭逵等纂，錦西縣志，民國十八年鉛印本。

48. 馮昌奕等修，范勳纂，寧遠州志，清康熙二十一年修，民國二十三年鉛印《遼海叢書》本。

49. 文鎰修，范炳勳等纂，綏中縣志，民國十八年鉛印本。

50. 劉應節、楊兆修，劉效祖纂，四鎮三關志，明萬曆四年刻本。

51. 于成龍修，郭棻纂，畿輔通志，清康熙十年修，二十二年刻本。

52. 吳都梁修，潘問奇等纂，昌平州志，清康熙十二年澹然堂刻本。

53. 吳景果纂修，懷柔縣新志，清康熙六十年刻本。

54. 趙弘化纂修，密雲縣志，清康熙六年修，十二年刻本。

55. 薛天培修，陳弘謀纂，密雲縣志，清雍正元年刻本。

56. 丁符九、趙文粹修，張鼎華、周林纂，密雲縣志，清光緒七年刻本。

57. 韓淑文纂修，順義縣志，清康熙十三年修，康熙刻本。

58. 任在陛原修，李柱明原纂，項景倩續修，朱克閎再續修，平谷縣志，清乾隆四十二年再增刻本。

59. 王沛修，王兆元纂，平谷縣志，民國十五年鉛印本。

60. 楊行中纂輯，劉宗永校點，（嘉靖）通州志略，北京：中國書店，2007。

61. 吳存禮修，陸茂騰纂，通州志，清康熙三十六年刻本。

62. 高天鳳修，金梅纂，通州志，清乾隆四十八年刻本。

63. 楊嗣奇修，李維翰，見聖等纂，良鄉縣志，清康熙三十九年刻本。

64. 陳嵋、范履福修，黃儒荃纂，良鄉縣志，清光緒十五年刻本。

65. 吳傑修，張廷綱、吳祺纂，永平府志，明弘治十四年刻本（天一閣藏）。

66. 徐準修，涂國柱纂，永平府志，明萬曆二十七年刻本。

67. 宋琬纂修，張朝琮增修，徐香、胡仁濟增纂，永平府志，清康熙五十年刻本。

68. 王永命纂修，遷安縣志，清康熙十二年修，康熙抄本。

69. 張一諤修，郭聊纂，遷安縣志，清康熙十八年刻本。

70. 燕臣仁修，張傑纂，遷安縣志，清乾隆二十二年刻本。

71. 王光謨修，胡維翰纂，玉田縣志，清康熙二十年刻本。

72. 謝客纂修，玉田縣志，清乾隆二十一年刻本。

73. 鍾和梅纂修，臨榆縣志，清乾隆二十一年刻本。

74. 鄭僑生修，葉向昇等纂，遵化州志，清康熙間修，康熙抄本。

75. 劉馨修，王運恒纂，撫寧縣志，清康熙十八年刻本。

76. 趙端修，徐廷璋纂，撫寧縣志，清康熙二十一年刻本。

77. 張上龢修，史夢蘭纂，撫寧縣志，清光緒三年刻本。

78. 周宇纂修，灤志，明萬曆四十六年刻本。

79. 王納言修，石邦政纂，豐潤縣志，明隆慶四年刻本。

80. 陳伯嘉纂修，三河縣志，清康熙十二年修，康熙抄本。

81. 沈惟炳纂修，香河縣志，明萬曆四十八年刻本。

82. 劉深纂修，香河縣志，清康熙十七年刻本。

83. 劉德弘修，楊如樟纂，涿州志，清康熙十六年刻本。

84. 吳山鳳纂修，涿州志，清乾隆三十年刻本。

85. 薛柱斗修，高必大纂，天津衛志，清康熙十四年刻本。

86. 熊相纂修，薊州志，明嘉靖三年刻本。

87. 董廷恩纂修，陸湛續修，薊州志，清抄本。

88. 張朝琮修，鄔棠等纂，薊州志，清康熙四十三年刻本。

89. 吳翀修，曹涵、趙晃纂，武清縣志，清乾隆七年刻本。

90. 丁九符修，談松林纂，寧河縣志，　清光緒六年刻本。

91. 馮惟敏等纂修，王國楨續修，王政熙續纂，保定府志，明隆慶五年修，萬曆三十五年續修刻本。

92. 戴敏修，戴銑纂，易州志／／天一閣藏明代地方志選刊，上海：中華書局上海編輯所，1965。

93. 藺民孚、朱懋文等纂修，易水志，清順治二年刻本。

94. 尹耕纂修，兩鎮三關志，明嘉靖間刻本。

95. 王崇獻纂修，宣府鎮志，明正德刻本。

96. 王者輔原本，張志奇續修，黃可潤續纂，宣化府志，清乾隆二十二年增刻本。

97. 謝庭桂纂，蘇乾續纂，隆慶志，明嘉靖二十八年刻本／／天一閣藏明代地方志選刊，上海：中華書局上海編輯所，1962。

98. 李體嚴修，張士科纂，永寧縣志，明萬曆三十年刻本。

99. 遲日豫修，程光祖纂，延慶州志，清康熙十九年增刻本。

100. 李鍾偉修，穆元肇、方世熙纂，延慶縣志，民國二十七年鉛印本。

101. 李士宣修，周碩勳纂，延慶衛志略，清乾隆十年修，乾隆抄本。

102. 寧完福修，朱光纂，保安州志，清康熙十一年刻本。

103. 梁永祚修，張永曙纂，保安州志，清康熙五十年刻本。

104. 楊桂森纂修，保安州志，清道光十五年刻本。

105. 許隆遠纂修，懷來縣志，清康熙五十一年刻本。

106. 王治國修，楊國士纂，宣鎮下北路志，清康熙抄本。

107. 孟思誼修，張曾炳纂，赤城縣志，清乾隆十二年刻本。

108. 章焯纂修，龍門縣志，清康熙五十一年刻本。

109. 劉先衡、錢永祺纂修，宣鎮西路志，清康熙十九年修，康熙抄本。

110. 左承業纂修，萬全縣志，清乾隆七年修，十年刻本。

111. 楊大昆修，錢戢曾纂，懷安縣志，清乾隆六年刻本。

112. 張充國纂修，西寧縣志，清康熙五十一年刻本。

113. 趙廷瑞修，馬理纂，陝西通志，明嘉靖二十一年刻本。

114. 舒其紳修，嚴長明纂，西安府志，清乾隆四十四年刻本。

115. 譚吉聰纂修，延綏鎮志，清康熙十二年刻本。

116. 李熙齡纂修，榆林府志，清道光二十一年刻本。

117. 楊江著，咸豐榆林府志辨訛，清咸豐七年刻本。

118. 王致雲修，朱壎纂，補編張琛纂，神木縣志，清道光二十一年刻本。

119. 丁錫奎修，白翰章、辛居乾纂，靖邊志稿，清光緒二十五年刻本。

120. 王元士修，郝鴻圖纂，綏德州志，清順治十八年刻本。

121. 李宗仁修，楊懷纂，延安府志，明弘治十七年刻本。

122. 洪蕙纂修，重修延安府志，清嘉慶七年刻本。

123. 盧大謨修，楊堂、范啓東纂，重修寧羌州志，明萬曆二十五年刻本。

124. 江景瑞纂修，文縣志，清康熙四十一年刻本。

125. 唐懋德纂修，臨洮府志，明萬曆三十二年刻本。

126. 高錫爵修，郭巍纂，臨洮府志，清康熙二十六年刻本。

127. 胡纘宗纂修，鞏郡記，明嘉靖二十五年清渭草堂刻本。

128. 楊恩、原本，紀元續修，鞏昌府志，清康熙二十七年刻本。

129. 趙時春纂修，平涼府志，明嘉靖三十九年刻本。

130. 梁明翰、傅學禮纂修，慶陽府志，明嘉靖三十六年刻本。

131. 趙本植纂修，新修慶陽府志，清乾隆二十六年刻本。

132. 高觀鯉纂修，環縣志，清乾隆十九年刻本。

133. 馬文麟等修，李一鵬等纂，重修靖遠衛志，清康熙四十八年刻本。

134. 那禮善修，李林等纂，續增靖遠縣志，清乾隆四十年刻本。

135. 陳之驥修，尹世阿纂，靖遠縣志，清道光十三年刻本。

136. 宋琬等纂修，秦州志，清順治十一年刻本。

137. 趙世德纂修，秦州志，清康熙二十六年抄本。

138. 費廷珍修，胡釴等纂，直隸秦州新志，清乾隆二十九年刻本。

139. 方嘉發纂修，唐正邦補輯，禮縣志，清乾隆十七年修，二十一年刻本。

140. 岷州衛志，清康熙二十六年抄本。

141. 汪元絧修，田而稯纂，岷州志，清康熙四十一年刻本。

142. 劉敏寬、董國光纂修，固原州志，明萬曆四十四年劉汝桂刻本。

143. 楊芳燦修，郭楷纂，靈州志蹟，清嘉慶三年豐延泰刻本。

144. 楊芳燦修，佚名續修，靈州志，清光緒三十三年續修抄本。

145. 張彥篤修，包永昌纂，洮州廳志，清光緒三十三年刻本。

146. 王珣修，胡汝礪纂，寧夏新志，明弘治十四年刻本。

147. 楊守禮修，管律纂，寧夏新志，明嘉靖十九年修刻本／／天一閣藏明代地方志選刊，上海：中華書局上海編輯所，1961。

148. 朱栴纂，寧夏志，明萬曆二十九年刻本。

149. 楊應聘、楊壽纂修，朔方新志，明萬曆四十二年修，四十五年刻本。

150. 汪繹辰纂，銀川小志，清乾隆二十年修稿本。

151. 佚名纂，平羅縣志，傳抄清嘉慶間摘錄寧夏府志本。

152. 徐保宇纂，平羅紀略，清道光九年新堡官舍刻本。

153. 黃恩錫纂修，中衛縣志，清乾隆二十六年刻本。

154. 佚名纂，花馬池志蹟，清光緒三十三年修抄本。

155. 朱恩昭纂，豫旺縣志，民國十四年修抄本。

156. 蘇銑纂修，涼鎮志，清順治十四年刻本。

157. 張玿美修，曾鈞、蘇暻纂，武威縣志，清乾隆十四年刻《五涼考治六德集全志》本。

158. 張玿美修，曾鈞、魏奎光纂，鎮番縣志，清乾隆十四年刻《五涼考治六德集全志》本。

159. 許協修，謝集成纂，重修鎮番縣志，清道光五年刻本。

160. 王之采纂，莊浪匯紀，明萬曆四十四年刻本。

161. 張玿美修，曾鈞纂，平番縣志，清乾隆十四年刻《五涼考治六德集全志》本。

162. 李登瀛修，南濟漢纂，永昌縣志，民國七年石印本。

163. 張玿美修，趙璘、郭建文纂，古浪縣志，清乾隆十四年刻《五涼考治六德集全志》本。

164. 李培清修，唐海雲纂，古浪縣志，民國二十八年鉛印本。

165. 佚名纂，甘鎮志，清順治十四年楊春茂重刻本。

166. 鍾賡起纂修，甘州府志，清乾隆四十四年刻本。

167. 徐傳鈞修，張著常纂，束樂縣志，民國十二年競業石印館石印本。

168. 黨行義原本，黃璟續修，續修山丹縣志，清道光十一年修十五年刻本。

169. 徐家瑞纂修，高臺縣志，民國十年修，十四年鉛印本。

170. 李應魁纂，肅鎮華夷志，明萬曆四十四年修刻本。

171. 黃文煒、沈青崖纂修，重修肅州新志，清乾隆二年刻本。

172. 蘇銑纂，西鎮志，1959年青海省圖書館油印本。

173. 楊應琚纂修，西寧府新志，清乾隆十二年刻本，1954年青海省文史研究館重印乾隆本。

174. 李天祥纂，碾伯所志，清康熙間修，1959年北京師範大學圖書館打印本。

175. 關廷訪修，張慎言纂，太原府志，明萬曆四十年刻本。

176. 戴夢熊修，李方纂，李方苞纂，陽曲縣志，清康熙二十一年刻本。

177. 李培謙、華典修，閻士驤、鄭起昌纂，陽曲縣志，民國二十一年鉛印本。

178. 王鎬纂修，寧武守禦所志，清康熙間抄本。

179. 魏元樞、周景柱纂修，寧武府志，清乾隆十五年刻本。

180. 盧承業原本，馬振文增修，偏關志，明萬曆三十一年修，清道光二十六年增修，民國四年王有宗重訂鉛印本。

181. 何顯祖修，元鏡珩纂，岢嵐州志，清康熙十一年刻本。

182. 崔長清等修，谷如墉纂，神池縣志，清光緒六年修，民國抄本。

183. 王克昌修，殷夢高纂，保德州志，民國二十一年馬蕃庶鉛印本。

184. 吳其均纂修，繁峙縣志，清道光十六年刻本。

185. 尹際可修，徐麟趾纂，崞縣志，明嘉靖四十五年刻本。

186. 邵豐鍒、顧弼修，賈瀛纂，崞縣志，清乾隆二十二年刻本。

187. 周三進纂修，五臺縣志，清康熙二十六年刻本。

188. 周弘禴纂修，代州志書，明萬曆十四年刻本。

189. 吳重光纂修，直隸代州志，清乾隆四十九年刻本。

190. 黃圖昌纂修，靜樂縣志，民國抄本。

191. 王時炯原本，王會隆續纂修，定襄縣志，清雍正五年增補康熙本。

三、今人專著

1. 艾沖，明代陝西四鎮長城，西安：陝西師範大學出版社，1990。

2. 白壽彝，中國通史（第九卷：中古時期明時期），上海：上海人民出版社，1999。

3. 卜正民，縱樂的困惑——明代的商業與文化，北京：生活·讀書·新知

三聯書店，2004。

4. 曹樹基，中國人口史（第四卷明時期），上海：復旦大學出版社，2000。

5. 曹婉如等編，中國古代地圖集（明代），北京：文物出版社，1995。

6. 曹婉如等編，中國古代地圖集（清代），北京：文物出版社，1997。

7. 陳正祥，中國文化地理，北京：生活·讀書·新知三聯書店，1983。

8. 成一農，古代城市形態研究方法新探，北京：社會科學文獻出版社，2009。

9. 戴鴻義，明代庚戌之變和隆慶和議，北京：中華書局，1982。

10. 地圖出版社，奴兒干都司形勢圖，北京：地圖出版社，1984。

11. 董鑒泓主編，中國城市建設史，北京：中國建材工業出版社，2004。

12. 董鑒泓主編，中國古代城市二十講，北京：中國建材工業出版社，2009。

13. 董鑒泓主編，中國古代城市建設，北京：中國建材工業出版社，1988。

14. 方志遠，明代的鎮守中官制度，文史（第四十輯），北京：中華書局，1994。

15. 馮天瑜，「封建」考論，武漢：武漢大學出版社，2006。

16. 傅熹年，傅熹年建築史論文集，北京：文物出版社，1998。

17. 傅熹年，中國古代城市規劃建築群布局及建築設計方法研究，北京：中國建築工業出版社，2001。

18. 傅衣凌，楊國楨，陳支平，明史新編，北京：人民出版社，1993。

19. 葛兆光，思想史的寫法——中國思想史導論，上海：復旦大學出版社，2004。

20. 顧頡剛，史念海，中國疆域沿革史（民國叢書第三編影印，開明書店1949年版），上海：上海書店，1992。

21. 顧頡剛，明邊牆關隘暗門分佈示意圖，北京：中華書局，1963。

22. 郭黛姮，中國古代建築史（第三卷：宋、遼、金、西夏建築），北京：中國建築工業出版社，2003。

23. 郭湖生，中華古都：中國古代城市史論文集（增訂再版），臺北：空間出版社，2003。

24. 郭華瑜，明代官式建築大木作，南京：東南大學出版社，2005。

25. 韓大成，明代城市研究，北京：中國人民大學出版社，1991。

26. 何朝暉，明代縣政研究，北京：北京大學出版社，2006。

27. 賀業鉅，考工記營國制度研究，北京：中國建築工業出版社，1985。

28. 賀業鉅，中國古代城市規劃史，北京：中國建築工業出版社，1996。

29. 賀業鉅，中國古代城市規劃史論叢，北京：中國建築工業出版社，1986。

30. 侯仁之，北京城市歷史地理，北京：北京燕山出版社，2000。

31. 華夏子，明長城考實，北京：檔案出版社，1988。

32. 黃仁宇，明代的漕運，張皓，張昇譯，北京：新星出版社，2005。

33. 黃仁宇，萬曆十五年，北京：三聯書店，1997。

34. 黃雲眉，明史考證，北京：中華書局，1979。

35. 賈全富主編，《古鎮獨石口》鄉友編輯組，古鎮獨石口，內部發行，1999。

36. 靳潤成，明朝總督巡撫轄區研究，天津：天津古籍出版社，1996。

37. 康寧，軍事築城體系與長城（中國大百科全書‧軍事工程分冊），北京：中國大百科全書出版社，1986。

38. 賴建誠，邊鎮糧餉——明代中後期的邊防經費與國家財政危機，1531～1602，臺北：聯經（中研院叢書），2008。

39. 李健才，明代東北，瀋陽：遼寧人民出版社，1986。

40. 李孝聰，中國區域歷史地理，北京：北京大學出版社，2004。

41. 李燮平，明代北京都城營建叢考，北京：紫禁城出版社，2006。

42. 李治安，行省制度研究，天津：南開大學出版社，2000。

43. 李治安，元代分封制度研究（增訂本），北京：中華書局，2007。

44. 梁方仲，明代梁長制度，上海：上海人民出版社，2001。

45. 林健，明代肅王研究，蘭州：甘肅人民出版社，2005。

46. 劉敦楨，中國古代建築史，北京：中國建築工業出版社，1992。

47. 劉謙，明遼東鎮長城及防禦考，北京：文物出版社，1989。

48. 魯人勇，吳忠禮，徐莊，寧夏歷史地理考，銀川：寧夏人民出版社，1993。

49. 呂思勉，中國制度史，上海：上海世紀出版集團，2005。

50. 羅東陽，明代軍鎮鎮守體制初探，長春：東北師範大學出版社，1994。

51. 羅哲文，長城，北京：北京出版社，1982。

52. 羅哲文，羅哲文建築文集，北京：外文出版社，1999。

53. 馬建華，甘肅西部漢代與明代長城防禦作用窺探（中國敦煌學百年文庫考古卷），蘭州：甘肅文化出版社，1999。

54. 馬正林，中國城市歷史地理，濟南：山東教育出版社，1998。

55. 馬楚堅，明清邊政與治亂，天津：天津人民出版社，1994。

56. 孟森，明清史講義，北京：中華書局，1981。

57. 孟森，明史講義，北京：中華書局，2006。

58. 寧夏地方文獻聯合目錄編委會，寧夏地方文獻聯合目錄，銀川：寧夏人民出版社，1982。

59. 寧夏通史編委會，寧夏通史古代卷，寧夏人民出版社，1993。

60. 寧夏通志編纂委員會，寧夏通志‧十五軍事卷，北京：方志出版社，2004。

61. 潘谷西，中國古代建築史（第四卷：元明建築），北京：中國建築工業出版社，2001。

62. 彭勇，明代北邊防禦體制研究：以邊操班軍的演變爲線索，北京：中央民族大學出版社，2009。

63. 錢穆，國史大綱，北京：商務印書館，2008。

64. 錢穆，中國歷代政治得失，北京：生活‧讀書‧新知三聯書店，2001。

65. 孫遜主編，都市文化研究（第一輯），都市文化史：回顧與展望，上海：上海三聯書店，2005。

66. 孫遜，楊劍龍主編，都市、帝國與先知，上海：上海三聯書店，2006。

67. 譚其驤，中國歷史地圖集，中國地圖出版社，1982～1988。

68. 湯綱，南炳文，明史，上海：上海人民出版社，1985。

69. 王貴祥，中國古代建築基址規模研究，北京：中國建築工業出版社，2008。

70. 王國良，壽鵬飛，長城研究資料兩種，臺北：明文書局，1982。

71. 王國良，中國長城沿革考，上海：商務印書館，1931。

72. 王培華，元明北京建都與糧食供應：略論元明人們的認識與實踐，北京：文津出版社，2005。

73. 王天有，明代國家機構研究，北京：北京大學出版社，1992。

74. 王毓銓，萊蕪集，北京：中華書局，1983。

75. 王毓銓，明代的軍屯，北京：中華書局，1965。

76. 韋慶遠，明代黃冊制度，北京：中華書局，1961。

77. 吳晗，明史簡述，北京：中華書局，1980。

78. 吳慶洲，中國古代城市防洪研究，北京：中國建築工業出版社，1995。

79. 蕭默，中國建築藝術史，北京：文物出版社，1999。

80. 肖立軍，明代中後期九邊兵制研究，吉林人民出版社，2001。

81. 楊栖，明代奴兒干都司及其衛所研究，鄭州：中州書畫社，1982。

82. 楊寬，中國古代都城制度史研究，上海：上海人民出版社，2003。

83. 楊聯陞，國史探微，北京：新星出版社，2005。

84. 楊雪峰，明代的審判制度，臺北：黎明文化公司，1981。

85. 楊楙，明代遼東都司，鄭州：中州古籍出版社，1988。

86. 銀川市城區軍事志編纂委員會，銀川市城區軍事志，銀川：寧夏人民出版社，2005。

87. 尹鈞科，北京建置沿革史，北京：人民出版社，2008。

88. 尹鈞科，北京郊區村落發展史，北京：北京大學出版社，2001。

89. 于志嘉，明代軍制史研究的回顧與展望，衛所、軍戶與軍役——以明清江西地區爲中心的研究，北京：北京大學出版社，2010。

90. 張立輝，山海關長城，北京：文物出版社，1990。

91. 張士尊，明代遼東邊疆研究，長春：吉林人民出版社，2002。

92. 張維華，中國長城建置考，北京：中華書局，1979。

93. 鄭連第，古代城市水利，北京：水利電力出版社，1985。

94. 政協張家口市宣化區委員會文史資料研究委員會，宣化文史資料（第五輯），1987。

95. 中國軍事史編寫組，中國古代軍事戰略，北京：解放軍出版社，1986。

96. 中國軍事史編寫組，中國軍事史（第三卷兵制），北京：解放軍出版社，1987。

97. 中國軍事是編寫組，中國軍事史（第六卷兵壘），北京：解放軍出版社，1991。

98. 朱璐著，中國兵書集成編委會編纂，防守集成・城制，北京：解放軍出版社和瀋陽：遼瀋書社，1991。

99. 莊林德，張京祥編著，中國城市發展與建設史，南京：東南大學出版社，2002。

100. 白穎，明代王府建築制度研究〔博士學位論文〕，北京：清華大學建築學院，2007。

101. 成一農，唐末至明中葉中國地方建置城市形態研究〔博士學位論文〕，北京：北京大學，2003。

102. 顧效，明代官式建築石作範式研究〔碩士學位論文〕，南京：東南大學建築學院，2006. 。

103. 郭紅，明代都司衛所建置研究〔博士學位論文〕，上海：復旦大學歷史地理學，2001。

104. 郭睿，北京地區長城軍事防禦體系系統特徵與保護研究〔碩士學位論文〕，北京：北京建築工程學院，2006。

105. 韓東洙，初探中韓兩國古代建築文化的比較與交流：以 14 世紀至 19 世紀爲主〔博士學位論文〕，北京：清華大學建築學院，1997。

106. 胡凡，河套與明代北部邊防研究〔博士學位論文〕，瀋陽：東北師範大學，1998。

107. 李曉鳳，北京郊區小城鎮發展研究〔碩士學位論文〕北京：北京林業大學，2006。

108. 李新峰，明前期兵制研究〔博士學位論文〕，北京：北京大學歷史學系，

1999。

109. 李嚴，榆林地區明長城軍事堡寨聚落研究〔碩士學位論文〕，天津：天津大學建築學院，2004。

110. 李哲，山西省雁北地區明代軍事防禦性聚落探析〔碩士學位論文〕，天津：天津大學建築學院，2005。

111. 李貞娥，長城山西鎮段沿線明代城堡建築研究〔碩士學位論文〕，北京：清華大學建築學院，2005。

112. 李志榮，元明清華北華中地方衙署個案研究〔博士學位論文〕，北京：北京大學考古文博學院，2004。

113. 梁愈，明初控制東北考〔碩士學位論文〕，北京：燕京大學研究院歷史學系，1935。

114. 苗苗，明薊鎮長城沿線關城聚落研究〔碩士學位論文〕，天津：天津大學建築學院，2005。

115. 倪晶，明宣府鎮長城軍事堡寨聚落研究〔碩士學位論文〕，天津：天津大學建築學院，2005。

116. 王絢，傳統堡寨聚落研究——兼以秦晉地區為例〔博士學位論文〕，天津：天津大學建築學院，2004。

117. 薛原，資源、經濟角度下明代長城沿線軍事聚落變遷研究——以晉陝地區為例〔碩士學位論文〕，天津：天津大學建築學院，2006。

118. 張傳勇，明清城隍廟建置考〔碩士學位論文〕，天津：南開大學歷史學院，2003。

119. 張曦沐，明長城居庸關研究〔碩士學位論文〕，天津：天津大學建築學院，2005。

120. 張玉坤，聚落·住宅——居住空間論〔博士學位論文〕，天津：天津大學建築學院，1997。

121. 趙現海，明代九邊軍鎮體制研究〔博士學位論文〕，瀋陽：東北師範大學，2006。

四、期刊論文

1. 愛德華·L·法默爾，明王朝初期（1350～1425）的政體發展，／／明清史國際學術討論會秘書處論文組，明清史國際學術討論會論文集，天津：天津人民出版社，1982：16～44。

2. 暴鴻昌，明代藩禁簡論，江漢論壇，1989，（4）：53～57。

3. 范中義，明代九邊形成的時間，大同高等專科學校學報（綜合版），1995，（4）

4. 曹余濂，明代「賦役黃冊」「魚鱗圖冊」考略，檔案與建設月刊，1999，（3）。

5. 陳宏良，明代衛學發展述論，社會科學輯刊，2004，（6）。

6. 陳仲箎，識小錄，營造學社彙刊，1935，6（2）：158～166。

7. 成一農，宋、元及明代前中期城市城牆政策的演變及其原因，／／中村圭爾，辛德勇，中日古代城市研究，北京：中國社會科學出版社，2004：145～183。

8. 鄧慶平，明清衛所制度研究述評，中國史研究動態，2008，（04）

9. 丁曉雷，大同舊城的形制布局及其所反映的時代特徵，／／漢唐與邊疆考古研究（第一輯），北京：科學出版社1994：184～187。

10. 范勇，略論我國歷代人口分佈及其變遷，四川大學學報，1987，（2）

11. 顧琳，明清時期榆林城遭受流沙侵襲的歷史紀錄及其原因的初步分析，中國歷史地理論叢，2003，4。

12. 顧頡剛，周室的封建及其屬邦，／／顧頡剛，顧頡剛古史論文集，第二冊，北京：中華書局，1988：329～331。

13. 關真付，明代長城屯田與冀東開發，文物春秋，1998，（2）。

14. 郭紅，於翠豔，明代都司衛所制度與軍管型政區，軍事歷史研究，2004，（04）。

15. 郭紅，明代衛所移民與地域文化的變遷，中國歷史地理論叢，2003，18（2）。

16. 黑龍江省博物館，金東北路界壕邊堡調查，考古，1961，（5）

17. 韓光輝，李新峰，北京地區明長城沿線聚落的形成與發展，長城學會編：《長城國際學術研討會論文集》，吉林人民出版社，1995。

18. 胡凡，八十年代明代宗藩研究評述，明代史研究（二十號），1992：41～61。

19. 康耀先，太原史話，文史月刊，2002（5）：36～37。

20. 李榮慶，明代武職襲替制度述論，鄭州大學學報，1990，（1）。

21. 李傳永，李恬，我國歷代的行政區劃，四川示範學院學報（哲學社會科學版），1996，（9）。

22. 李龍潛，明代軍屯制度的組織形式，歷史教學，1962，（12）。

23. 李治安，元代及明前期社會變動初探，史學集刊，2006，（1）：17～19。

24. 李志榮，內鄉縣衙建置沿革與現存遺跡考，中原文物，2006，（1）：77～87。

25. 李三謀，明代邊防與邊墾，中國邊疆史地研究，1994，（4）。

26. 劉清泗，中國北方農牧交錯帶全新世環境演變與全球變化，北京師範大

學學報（自然科學版），1994，（04）

27. 劉彥隨，陝北長城沿線地區土地退化態勢分析，地理學報，2002，（4）。

28. 欒成顯，明代里甲編制原則與圖保劃分，史學集刊，1997，（4）。

29. 羅東陽，明代兵備初探，東北師大學報（哲學社會科學版），1994。

30. 馬利清，從早期城址看華夏文明的起源，內蒙古大學學報（人文社會科學版），1998，（3）。

31. 南炳文，明初軍制初探，南開史學（1983 年第 1 期），天津：南開大學出版社，1983。

32. 錢耀鵬，中國史前防禦設施的社會意義考察，華夏考古，2003，（3）。

33. 錢耀鵬，論城的起源及其初步發展，文物季刊，1998，（1）。

34. 錢公來，東北史話（明代防邊），中國一周，1957 年 5 月，第 369 期。

35. 全漢昇，明代北邊米糧價格的變動，新亞學報，1970，9（2）。

36. 饒勝文，中國古代軍事地理大勢，軍事歷史，2002，（1）：41～46。

37. 〔日〕山崎清一，明代兵制的研究，歷史學研究，1940 年。

38. 單士元，明代營造史料·明王府制度，營造學社彙刊，1934，4（3.4）：259～269。

39. 單士元，明代營造史料，營造學社彙刊，1934，5（2）：116～126。

40. 邵循正，有明初葉與帖木兒帝國之關係，社會科學，1936，（2）。

41. 譚其驤，釋明代都司衛所制度，禹貢半月刊，1935，3（10）。

42. 田澍，毛雨辰，20 世紀 80 年代以來明代西北邊鎮研究述評，西域研究，2005，（2）。

43. 王金岩，梁江，明初兗州府城形態擴展及魯王城規劃分析——兼論藩王城規劃，規劃師，2007，（1）：74～77。

44. 王貴祥，明代建城運動概說，中國建築史論彙刊（第壹輯），北京：清華大學出版社，2009

45. 王貴祥，明代府（州）城分佈及 350 里距離相關性探究，中國建築史論彙刊（第貳輯），北京：清華大學出版社，2009

46. 王杰瑜，明代山西北部聚落變遷，中國歷史地理論叢，2006。

47. 王絢，傳統堡寨聚落防禦性空間探析，建築師，2003，（4）。

48. 韋占彬，明代「九邊」設置時間辨析，石家莊師範專科學校學報，2002，（3）。

49. 魏保信，明代長城考略，文物春秋，1997，（2）。

50. 吳輯華，明代延綏鎮的地域及其軍事地位，亞洲歷史學家會議紀錄，1960 年 10 月。

51. 吳慶洲，明南京城池的軍事防禦體系研究，建築師，2005，（2）

52. 吳晗，明代靖難之役與國都北遷，清華學報，1935，10（4）：917～939。

53. 肖立軍，九邊重鎮與明之國運——兼析明末大起義首發於陝的原因，天津師大學報（社會科學版），1994，（2）。

54. 肖立軍，明成祖的親王守邊政策，南開學報：哲學社會科學版，2002，（1）：59～63。

55. 嚴文明，中國環壕聚落的演變，北京大學考古學系編，國學研究，第二卷，北京：北京大學出版社，1994。

56. 楊嬌，明代察哈爾部沿革考，禹貢半月刊，1935，4（4）。

57. 楊昶，明朝有利於生態環境改善的政治舉措考述，華中師範大學學報（人文社會科學版），1999，（5）。

58. 伊志，明代「棄套」始末，禹貢半月刊，1934，2（7）。

59. 余同元，明代九邊論述．安徽師大學報（哲學社會科學版），1989，（2）。

60. 張維華，明代遼東衛所建置考略，禹貢，1934，1（7）。

61. 張寶釵，明繪本《邊鎮地圖》考，東南文化，1997，（4）。

62. 張玉坤，李哲，龍翔鳳翥——榆林地區明長城軍事堡寨研究，華中建築，2005，（1）。

63. 張海瀛，明代山西的民佃屯田，中國社會經濟史研究，2002，（1）。

64. 張德信，明代諸王分封制度述論，歷史研究，1985，（2）：76～90。

65. 張德信，明代宗室人口俸祿及對社會經濟的影響，東嶽論叢，1988，（1）：77～82。

66. 張德信，明代諸王與明代軍事，河北學刊，1989，（5）：78～84。

67. 張顯清，明代親藩由盛到衰的歷史演變，社會科學戰線，1987，（2）：170～175。

68. 張玉坤，宋昆，山西平遙的「堡」與里坊制度的探析，建築學報，1996，（04）。

69. 趙毅，胡凡，論明代洪武時期的北部邊防建設，東北師大學報（哲學社會科學版），1998，4。

70. 趙毅，明代貼黃制度考，歷史檔案，1998，（2）。

71. 趙全鵬，明代宗藩對社會經濟的影響，河南師範大學學報：哲學社會科學版，1994，（5）：47～50。

72. 趙毅，明代宗室政策初探，東北師大學報：哲學社會科學版，1988，（1）：53～58。

73. 趙中男，明宣宗的削藩活動及其社會意義，社會科學輯刊，1998，（2）：21～26。

74. 中國社會科學院考古研究所西安唐城發掘隊，唐代長安城考古紀略，考古，1963，（11）：595～611。

75. 周積明，封藩制與明初君權的轉移，湖北大學學報：哲學社會科學版，1986，（1）：63～76。

76. 諸葛淨，嘉靖朝之制禮作樂，／／張復合，建築史論文集（第16輯），北京：清華大學出版社，2002：115～132。

77. 朱永剛，中國東北先史環壕聚落的演變與傳播，考古文物研究，2003，（1）

78. 朱慶永，明代九邊軍餉，大公報經濟週刊，1935年6月8日，第130期。

四、外文文獻

英國

1. Arthur Waldron: The Great Wall of China: From History to Myth, Cambridge: Cambridge University Press, 1992.

美國

2. 〔美〕牟復禮，〔英〕崔瑞德編，劍橋中國明代史，張書生，黃沐，楊品泉等，譯，北京：中國社會科學出版納社，1992。

3. 〔美〕施堅雅主編，中華帝國晚期的城市，葉光庭等譯，北京：中華書局，2000。

4. 〔美〕施堅雅，中國封建社會晚期城市研究——施堅雅模式，王旭等譯，長春：吉林教育出版社，1991。

5. Wade F.Wilkison: Newly discovered Ming Dynatsy guand registers, MING STUDIES（Fail，1976）.

6. Henry Serruys, c.i.c.m.：Towers in the northern frontedr defenses of the Ming, MING STUDIES（Spring 1982）.

7. Arthur N.Waldron：The Problem of The Great Wall of China, Harvard Journal of Asiatic Studies, Vol.43，No.2（Dec，1983）.

8. Thomas P.Massey：The Lan Yu case and early-Ming military and society as revealed in the YUZHI

9. NICHIEN LU（imperial record of rebellious minsters）of 1393，MING STUDIES（Fall 1998）.

日本

10. 〔日〕檀上寬，明王朝成立期的軌跡，日本中青年學者論中國史（宋元明清卷），上海古籍出版社，1995。

11. 田村實造：《明代の九邊鎮》，《石濱顯示古稀紀念東洋學論叢》，1958。

12. 田村實造：《明代の北邊防衛體制》，《明代滿蒙史研究——明代滿蒙史料研究篇》，京都大學文學部 1963 年版。

13. 松本隆晴：《明代北邊防衛體制の研究》，汲古書院 2001 年版。

14. 新宮學，北京遷都の研究：近世中國の首都移転，東京：汲古書院，2004。

15. 河內良弘，關於明代遼陽的東寧衛（續），楊暘，梁志忠譯，程革校，黑河學刊，1998。

韓國

16. 李相海，宮闕・儒教建築，서울：솔출판사，2004。

17. 張慶浩，韓國의傳統建築，서울：文藝出版社，1996。

18. 李朝實錄，東京：學習院東洋文化研究所，1953。

19. 崔恒，徐居正等撰，經國大典，刻本。

致　謝

　　本文的主體內容是 2011 年底完成答辯的清華大學博士學位論文，是清華大學建築學院王貴祥教授主持的國家自然科學基金項目的子課題之一。衷心感謝恩師王貴祥先生多年來的親切指導和教誨，並給予大量研究機會去觸摸體味中國傳統建築以及更爲廣泛學術研究領域的精髓，先生淵博深厚的學術造詣、嚴謹求實的學術作風和學術精神讓我們受益終身。

　　感謝清華大學建築學院樓慶西、郭黛姮、呂舟、賈珺、劉暢、賀從容、李路珂等老師在本文研究、寫作、審閱等過程中給予的指點和建議。

　　感謝北京工業大學建築與城市規劃學院戴儉教授、中國建築設計研究院建築歷史研究所鍾曉青研究員，以及諸位匿名評審專家在審閱本文過程中的中肯指教和熱忱工作。

　　感謝天津大學建築學院丁垚老師對有關研究的關注和建議。

　　感謝東南大學建築學院白穎老師在相關文獻搜集整理的開創工作與指引。

　　感謝所有爲本文研究提供過幫助支持的人士。

著者　謹識

2011 年 12 月於清華園

2019 年 3 月修訂於北京工業大學